Appercu
du Méchanisme de l'Ecriture Sténographique.

Il seroit aisé de faire avec les seules consonnes, une Langue fort claire.

J. J. Rousseau, *Essai sur l'origine des Langues.*

FORME DES CARACTERES STÉNOGRAPHIQUES
prise dans les traits les plus simples de la nature.

La ligne droite a fourni cinq lettres ⊥⁄₁ ✳ Le cercle quatre ◖◗ La ligne bouclée cinq ℓ₆₉ et l'r usuel une: Ce qui forme au total quinze caractéres Alphabétiq.ˢ; restent ensuite neuf signes terminatifs qui s'empruntent de la courbe, de la virgule et du point mais pour l'emploi desquels nous renvoyons au corps de l'ouvrage.

Exemple de mots Sténographiés.

Type ordinaire	Philosophale	Conséquent	Sublime
Id. réduit aux consonnes utiles	Ph l s ph l	C n s q n	S b l m
Lettres Sténographiques	\ 6 — \ 6	∩ ∪ — ∩ ∪	— ℓ 6 ơ
Id. combinées entre elles	⋎⋎	∿	℘
Type ordinaire	Environne	Ensevelissant	Casque
Id. réduit aux consonnes utiles	n v r n	n s v l s n	C s q
Lettres Sténographiques	∪ \ / ∪	∪ — \ 6 — ∪	∧ — ⌐
Id. combinées entre elles	⋏⋏⋏	∿	⌒
Type ordinaire	Valvule	Febrile	Rhubarbe ✳✳
Id. réduit aux consonnes utiles	V l v l	F b r l	R b r b
Lettres Sténographiques	\ 6 \ 6	\ ℘ 6	℘ / ℘
Id. combinées entre elles	⋎⋎	℘	℘℘

Rien n'est plus facile à lire que ces mots privés de voyelles si l'on a soin d'intercaller par la pensée un *é* fermé entre chaque consonne.

✳ *Nous disons que la ligne droite fournit cinq lettres parce que celle désignée par l'astérique en fournit deux. Voyez l'instruction.*

✳✳ *On a donné de préférence ces mots pour exemple, parce que ce sont ceux de l'écriture Sténographique qui présentent les formes les plus régulières et par conséquent les plus propres à la démonstration.*

Ecrit par Dien.

Système

universel et complet

de

STÉNOGRAPHIE,

ou

MANIERE ABREGÉE D'ÉCRIRE

applicable à tous les idiomes

Et fondée sur des principes si simples et si faciles à saisir, qu'on peut connoître en un jour les élémens de cet art et se mettre en état dans très peu de tems, de suivre la parole d'un orateur.

INVENTÉ *par Samuel Taylor*
Professeur de Sténographie à Oxford et dans les Universités d'Ecosse et d'Irlande

et

ADAPTÉ *à la Langue Françoise*

par

THÉODORE PIERRE BERTIN,

Traducteur des Satires d'Young et autres Ouvrages Anglais.

TROISIEME ÉDITION

Revue et Corrigée par l'Auteur; et suivie d'un index d'Adversaria de Repertoire littéraire plus avantageux que celui de LOCKE, avec lequel il est comparé.

PARIS,

L'An 4. de l'Ere françoise.

De l'imprimerie de P. DIDOT l'aîné.

T.P. Bertin, rue de la Sonnerie, au coin du Quai de la Mégisserie. N° 1, près le Chatelet. et à Provins en Brie chez sa sœur, rue de la Table Ronde.

AVERTISSEMENT.

LA troisieme édition de la sténographie n'offre d'autre avantage sur la précédente que l'addition d'une planche qui se trouve en regard du frontispice. Cette planche, dont il est très possible de se passer, a cependant le mérite de présenter au premier coup-d'œil le méchanisme de l'écriture sténographique dans toute sa simplicité. On trouvera aussi dans le cours de cet ouvrage quelques nouvelles réflexions que l'expérience nous a dictées, mais qui n'ajoutent rien à la clarté des regles que nous avons antérieurement établies, et qui ont invariablement fixé les principes de l'art abréviateur.

L'éditeur du système de sténographie prévient le public que la seconde livraison des Fables de La Fontaine, gravées en caracteres abréviateurs, avec des vignettes en taille-douce et le portrait de l'auteur, est maintenant sous presse, et paroîtra incessamment. Cet ouvrage, qui devient très utile aux sténographes, surpasse par le mérite de son exécution tout ce qui a été fait jusqu'à ce jour dans ce genre typographique.

PRÉFACE

DE

LA SECONDE ÉDITION.

Nous avions annoncé, dans la premiere édition de cet ouvrage, que la sténographie procureroit les plus grands avantages à la société. Cette assertion, quoique fondée sur une démonstration mathématique, n'avoit point encore obtenu le témoignage de l'expérience. Aujourd'hui cette preuve est pleinement acquise. Des jeunes gens de 16 à 18 ans suivent en public la parole des orateurs, recueillent les leçons entieres des professeurs aux différents cours qui se tiennent à Paris, et leur en remettent la transcription littérale en caracteres usuels. La possibilité de lire une écri-

A

ture privée de voyelles, et même d'une partie des consonnes, n'est donc point un problême ; et rien ne s'oppose à ce que la sténographie ne soit en France, comme elle l'est ailleurs, la méthode réformatrice des autres procédés abréviatifs, malgré les préventions qui, au jugement de tous les grands écrivains, s'attachent aux nouvelles découvertes. Certaines personnes, comme le dit Muschenbroëck, les reçoivent avec ce coupable dédain si bien défini par ces termes, *Prior insita illa humanis, et frequentius maximis ingeniis, consuetudo, dicam an labes, ut quæ ignorant contemptu strenue ulciscantur;* d'autres avec cet esprit de défiance lent à persuader, toujours retranché derriere le doute, et par conséquent inaccessible à la conviction; quelques unes enfin avec indifférence, ou, pour me servir de l'expression de l'immortel Bacon, comme par une sorte d'*affinité* qui feroit croire qu'elles les ont connues toute leur vie. Nous pouvons assurer cependant que la sténographie a produit un tout autre effet sur ceux qui l'ont examinée, et qu'elle a obtenu toutes les marques de satisfaction dues à un procédé qui, s'il eût été créé du premier jet, s'il n'étoit pas le dernier degré de perfectionnement d'un très grand nombre de méthodes, devroit incontestablement être rangé parmi les plus heureuses conceptions dont le génie de l'invention ait à s'applaudir. Mais Taylor a lui-même des obligations à ses prédécesseurs, quoiqu'on ne puisse pas lui contester le mérite, bien recommandable à la vérité, d'avoir, par la simplicité de ses caracteres, la facilité de leurs combinaisons et la suppression des voyelles médiantes, posé d'une maniere invariable les bases et les limites naturelles de la science abréviative.

Quelque répugnance que nous ayons à nous montrer avec avantage, nous ne

pouvons dissimuler à nos lecteurs que
nous n'ayons contribué à la propaga-
tion de sa méthode par le développe-
ment que nous lui avons donné, ainsi
que par les changements importants que
nous y avons faits. Ces innovations, qui
consistent principalement dans la composition de nos finales, dans leur classification, et dans la faculté de les combiner avec les dernieres lettres des mots,
ont tellement ajouté à la simplicité de
l'écriture, qu'on pourroit, sans exagéra-
tion, appeler ce nouveau type l'ombre
de la parole, si jamais l'ombre pouvoit
devancer la substance, phénomene très
fréquent en sténographie. Pour se convaincre de cette vérité, il suffit d'interroger le méchanisme des sons. Les organes de la voix ne peuvent former
aucune articulation sans produire des
battements à-peu-près semblables au
doigter du musicien (1) : or cette opé-

_____

(1) *Omnes voces, ut nervi in fidibus, ita so-
nant ut a motu animi quoque sunt pulsæ.* Cic.

ration prend beaucoup plus de temps que la course d'une plume qui ne quitte pas le papier, et qui ne doit jamais rester suspendue. La justesse de cette assertion paroîtra sensible si l'on observe que deux ou trois points séparés sont beaucoup plus longs à former qu'une ligne rampante et tortueuse d'une étendue assez considérable. Il résulte de là que la marche ondoyante ou vermiculaire de la sténographie doit donner à cette écriture monogrammatique une rapidité incalculable.

Quant à l'objection, sérieuse en apparence, que cette méthode exige beaucoup d'instruction, nous y répondrons par cette maxime d'Horace, *Nec rude quid prosit video ingenium* (1); par le

---

(1) Montagne a dit, à la vérité, que l'ignorance étoit l'oreiller le plus doux sur lequel l'homme pût reposer sa tête ; mais il s'est bien gardé de mettre cette maxime en pratique.

penchant que les nombreux avantages
de cette science doivent faire naître
pour l'étude ; et par l'exemple de
jeunes gens à qui leur âge ne permet
pas de creuser à de si grandes profon-
deurs que si toutes les facultés de leur
imagination étoient parfaitement déve-
loppées, et qui cependant se sont rendu
la lecture de la sténographie aussi familiere que celle de l'écriture usuelle.

Les deux index d'adversaria ou de
recueil littéraire que nous avons joints
à cet ouvrage sont de la plus grande
utilité pour les sténographes, dont la
vocation est, comme l'a dit Lucrece,
de mettre toutes les sciences à contribution,

Floriferis ut apes in saltibus omnia libant.

Celui de Locke, que nous donnons pour
comparaison, peut convenir aux personnes qui ne pratiquent point l'art tironien ; mais le nôtre nous a paru beaucoup plus avantageux, en ce qu'il n'exige

presque point de classification dans les termes, et qu'il offre une concordance complete de tous les mots dont la langue est composée. Ces recueils sont autant de dépôts scientifiques où l'on peut rassembler les pensées, maximes et instructions des meilleurs écrivains, pour y recourir dans l'occasion; et c'est à leur secours que l'on doit l'excellent dictionnaire de Johnson, le Virgile de la Rue, et l'Adversaria du célebre anatomiste Morghani. L'usage qu'en a fait Locke pendant tout le cours de sa vie est une recommandation d'une trop grande influence pour que son exemple ne soit point imité.

Ne voulant rien omettre de ce qui avoit quelque rapport avec notre méthode, nous avons créé, à l'instar de quelques abréviateurs, un alphabet physionomique qui rend le silence même intelligible, et une numération sténographique formée avec nos caracteres, qui, en se combinant de même que les lettres, simplifie beaucoup les opérations du calcul. Nous nous flattons que ces différentes additions ne pourront qu'ajouter au mérite d'un ouvrage dont le succès est pleinement justifié par le cours rapide de la premiere édition depuis long-temps épuisée, et par la récompense nationale que lui a décernée la commission exécutive de l'instruction publique, sur l'avis favorablement motivé du bureau de consultation des arts. Si des motifs aussi déterminants ne parvenoient pas encore à faire adopter généralement nos principes, nous ne pourrions alors en chercher la cause que dans la justesse de cette pensée, malheureusement trop vraie, de Jean-Jacques Rousseau : « Certains hommes, « sans discuter l'avantage des signes, « s'en tiennent à ceux qu'ils trouvent « établis, et préferent une mauvaise « maniere de savoir à une meilleure « maniere d'apprendre. »

SYSTÉME

UNIVERSEL ET COMPLET

DE STÉNOGRAPHIE (1),

O U

MANIERE ABRÉGÉE D'ÉCRIRE,

APPLICABLE A TOUS LES IDIOMES.

Currant verba licet, manus est velocior illis :
Nondum lingua , suum dextra peregit opus.
MART. Apophor. lib. xiv.

INTRODUCTION.

L'ANCIENNETÉ de la sténographie suf-
firoit pour démontrer son utilité, si les
avantages qu'elle procure pouvoient
être contestés. Elle étoit pratiquée chez
les Grecs (2); et, suivant Diogene de

---

(1) Στηνός γραφή , *arcta scriptura*, écriture réduite.

(2) On pourroit peut-être faire remonter son ori-

Laërce, Xénophon, surnommé l'abeille attique, fut le premier qui, pour suivre les paroles de Socrate, fit usage de signes abréviateurs dont la forme et la figure sont décrites par Plutarque. Cet art passa de la Grece à Rome; et c'est à des caracteres sténographiques que nous devons la conservation du sublime discours prononcé à la tribune par Caton contre les mesures que César proposoit pour renverser la conjuration de Catilina. Cicéron (1), alors consul, et qui

gine au temps des Égyptiens : il est sur leurs monuments beaucoup de caracteres qu'on prend pour des hiéroglyphes indéchiffrables, et qui probablement ne sont que des abréviations de leur écriture. Ce qu'il y a de très certain, c'est que les Hébreux rejetoient les voyelles, et David dit dans le psaume 44, *Lingua mea calamus scribæ velociter scribentis;* expression qui ne permet pas de douter que de son temps déja la plume ne fût plus rapide que la parole. Jérôme a imité le psalmiste dans cette phrase, *Mea autem lingua in similitudinem scribæ velocis.*

(1) Cicéron écrivoit lui-même en caracteres

avoit un excellent sténographe dans la personne de Tiro (1) son affranchi, eut soin de placer des notaires ou sténographes dans différents endroits du sénat pour recueillir précieusement tout ce qui sortoit de la bouche de ce grand homme. A ces preuves de l'existence de la sténographie chez les anciens viennent se joindre les témoignages

---

abréviateurs. Voici ce qu'il marque dans sa 32ᵉ lettre à Atticus, livre xiii : « *Quod ad te decem legatis scripsi parum intellexisti, quia διὰ σημείων (signis) scripseram.*

(1) Tiro fut élevé parmi les esclaves de Cicéron, qui lui donna par la suite sa liberté. Il devint si nécessaire à son maître dans ses affaires publiques et particulieres, que Tullius lui accorda toute sa confiance et toute son amitié. « J'aurois cru, mon « cher Tiro, pouvoir me passer de vous plus fa- « cilement, lui dit-il dans une de ses lettres (et il « lui en a écrit beaucoup de ce genre); mais en « vérité cela m'est impossible. Ménagez -votre « santé, ajoute-t-il, et soyez persuadé que, quelque « importants que soient les services dont je vous

d'Horace (1), de Juvénal (2), de Virgile,
d'Ovide (3), de Martial, de Valerius Pro-
bus, de Sertorius Torquatus, d'Ennius,
à qui Paulus Diaconus attribue très mal-
à-propos l'invention de cet art; de Per-
sanius; de Philargirus, Fennius et Aquila,
affranchis de Mécene; de Séneque, de
Manilius, de Varro (4), de Didymus, de

« ai obligation, le plus signalé que vous puissiez
« me rendre c'est de vous bien porter. »

Ep. famil. 3, lib. 16.

(1) Horace caractérise ainsi le talent d'un sté-
nograghe :

..... Scribas ut toto non quattuor anno
Membranam poscas .....

(2) Juvénal s'explique ainsi :

Anxia præcipiti venisset epistola penna.

(3) Ovide, en parlant de Jules César, qui écrivoit à ses amis en caracteres sténographiques, dit
de lui :

His arcana *notis* terra pelagoque feruntur.

(4) Nous plaçons ici Varro au nombre des abréviateurs, quoique l'histoire ne lui donne point

Suétōne (1), de Prudence (2), d'Isidore,
et d'Ausone (3).

---

cette qualité ; mais il seroit difficile d'expliquer
autrement comment ce célebre écrivain auroit pu
composer plus de 1500 volumes, dont 700 vies
des principaux Romains. Et c'est indubitablement
aussi par un procédé sténographique que Didymus
le grammairien en a composé 40000, si l'on en
croit Séneque.

(1) Suétone nous apprend que Titus étoit bon
sténographe par cette phrase, *E pluribus comperi
notis, quoque excipere velocissime solitum.*

(2) Prudence nous fait connoître dans l'éloge
de Cassien, assassiné par ses écoliers à coups de
canif, qu'il enseignoit l'art tironien :

> Præfuerat studiis puerilibus; et grege multo
> Septus, magister litterarum sederat;
> Verba notis brevibus comprendere multa peritus,
> Raptimque punctis dicta præpetibus sequi.

(3) Nous ne pouvons nous empêcher de citer ici
des vers que ce poëte et précepteur de l'empereur
Gratien, qui vivoit en 386, fit en l'honneur d'un
sténographe très habile de son temps.

Ad notarium velocissime excipientem.

> Puer, notarum præpetum
> Solers minister, advola ;

L'étude de cette science a été favori-
sée par les empereurs; ils l'apprenoient

Bipatens pugillar expedi,
Cui multa fandi copia (1),
Punctis peracta singulis,
Ut una vox absolvitur.
Evolvo libros uberes,
Instarque densæ grandinis
Torrente lingua perstrepo :
Tibi nec aures ambigunt,
Nec occupatur pagina ;
Et mota parce dextera
Volat per æquor cereum :
Cum maxime nunc proloquor
Circumloquentis ambitu,
Tu sensa nostri pectoris
Ut dicta jam ceris tenes.
Sentire tam velox mihi
Vellem dedisset mens mea,
Quam præpetis dextræ fuga
Tu me loquentem prævenis.
Quis, quæso, quis me prodidit ?

---

(1) Jaubert, traducteur des œuvres d'Ausone, explique ainsi ce vers
et les trois autres suivants : « Venez *pour* écrire les discours d'un
« homme qui parle beaucoup. De même que la voix s'arrête à chaque
« point, je parcours les volumes les plus épais ». *Tibi nec aures*
ambigunt, nec occupatur pagina, signifient chez cet interprete,
« Vous n'en êtes point pour cela plus embarrassé, ni vos écrits moins
« complets ». *Compendii*, qui se trouve plus bas, est rendu par
compend; expression neuve et très heureuse, comme on voit.

eux-mêmes, et se faisoient un amusement de défier en célérité tous leurs secré-

---

Quis ista jam dixit tibi
Quæ cogitabam dicere?
Quæ furta corde in intimo
Exercet ales dextera !
Quis ordo rerum tam novus
Veniat in aures ut tuas
Quod lingua nondum absolvit?
Doctrina non hæc præstitit ;
Nec ulla tam velox manus
Celeripedis compendii.
Natura munus hoc tibi
Deusque donum tradidit ,
Quæ loquerem ut scires prius ,
Idemque velles quod volo.

TRADUCTION.

A un notaire ou sténographe très habile.

Accours, jeune et fameux sténographe; prépare les tablettes sur lesquelles tu exprimes avec de simples points des discours entiers aussi promptement que d'autres traceroient un seul mot. Je dicte des volumes, et ma prononciation est aussi pressée que la grêle; cependant ton oreille n'échappe rien , et tes pages ne s'emplissent pas. Ta main, dont le mouvement est à peine sensible , vole sur une surface de cire; et, quoique ma langue parcoure de longues périphrases, tu fixes sur tes tablettes mes idées avant qu'elles soient proférées.

Que ne puis-je penser aussi rapidement que tu écris !

taires, même les plus célebres abréviateurs. On l'enseignoit dans les écoles
publiques (1), et les caracteres sténographiques servoient dans les tribunaux
à prendre note de toutes les procédures
judiciaires. On les employoit encore à
la rédaction des actes publics, qui,
chez les notaires (2), n'étoit que sténo-

Dis-moi donc, puisque tu devances mon imagination; dis-
moi qui m'a trahi, qui t'a révélé ce que je méditois. Com-
bien de larcins ta main ne fait-elle pas dans mon ame !
Quel est donc ce nouvel ordre de choses ? Comment se
fait-il que ce que ma bouche n'a pas encore exprimé soit
déja parvenu à tes oreilles ? Aucun art, aucun précepte,
n'a pu te donner ce talent d'abréger, puisque nulle autre
main n'a la vélocité de la tienne ; et tu tiens certainement
ce don de la nature et des dieux : eux seuls peuvent
permettre que tu saches ce que je veux dire avant que j'aie
parlé, et que ta volonté s'entende avec la mienne.

(1) Ammien Marcellin, lib. 8, parle d'une ser-
vante instruite dans l'art tironien : *Ancilla notarum perita.*

(2) Les notaires laïcs, *notarum scriptores, no-
tarii*, n'étoient autrefois que les clercs domes-
tiques des tabellions ; et la fonction des notaires

graphique ou préparatoire, et n'avoit force légale que lorsqu'elle étoit grossoyée, c'est-à-dire écrite sans abréviations, signée et scellée par le tabellion.

Nous avons peu de livres écrits en caracteres sténographiques : mais on n'en doit pas être surpris, parceque la ridicule superstition des premiers âges les condamna au feu comme des œuvres impies de magiciens ou de nécromanciens; et Tritheme (1) dit que, dans ces

---

ecclésiastiques, dans les premiers temps de l'église, étoit de recueillir en notes sténographiques les actes des martyrs. Ils avoient été institués par Clément, au nombre de sept, et distribués dans différents quartiers de Rome. Le pape Fabien, jugeant la sténographie au-dessus de la portée du peuple, créa sept sous-diacres pour transcrire ce que les notaires avoient tracé en caracteres abréviateurs.

(1) Frédéric II, électeur palatin, fit brûler l'ouvrage de cet écrivain, sur le rapport de Bosseville et Poissevin, qui le firent passer pour sorcier.

B

temps de barbarie (1), les caracteres sténographiques passoient pour les éléments de la langue arménienne. La France possede cependant plusieurs manuscrits en notes tironiennes, un capitulaire et cinquante-quatre chartres de Louis le Pieux, successeur de Charlemagne. L'ingénieux Carpentier le fit graver et publier à Paris, en 1747, avec un *alphabeticum tironianum* pour en faciliter la lecture.

La sténographie, après avoir passé immédiatement de Rome en Angleterre, a reçu différentes dénominations des auteurs dont nous joignons ici la

---

(1) C'est dans ce siecle de ténebres qu'un recteur de paroisse, plaidant contre ses paroissiens qui le vouloient charger des réparations de l'église, cita comme une autorité de S. Pierre ces mots, *Paveant isti, non paveam ego*, avec cette traduction, *Qu'ils pavent l'église, moi je ne la paverai pas;* et gagna son procès.

liste (1); mais aucun ne l'a portée à ce degré éminent de perfection dont elle est redevable à Taylor, qu'on peut véritablement appeler le créateur de cet art. Quelques uns de ces traités, sous le titre de *Tachygraphie*, *Brachygraphie*, *Sémygraphie*, *Criptographie*, *Radiographie*, *Zéitographie*, *Polygraphie*, *Stéganographie*, ne sont pas entièrement dépourvus de mérite; mais tous laissent beaucoup à desirer : en général le type

_____

(1) Addy (*), Aldridge, Angell, Annet, Bales, Blandemore, Byrom, Blanchard, Coulon, Coles, Cossin, Cross, David, Dix, Dupont, Everardt, Ewen, Facey, Feutry, Farthing, Gibbs, Gurney, Gruter, Holdsworth, Hopkins, Jeake, Labourer, Lane, Lyle, Lodoick, Macauley, Mason, Metcalp, Michel, Nicholas, Palmer, Ramsay, Rich, Ridpath, Scott, Shelton, Steele, Tanner, Tiffen, Webster, Weston, Williamson, Vallade, et Willis.

(*) Il a donné, en 1687, un nouveau Testament gravé en caracteres abréviateurs, Cet ouvrage est très rare aujourd'hui.

en est mal choisi ; il n'offre qu'une combinaison de lignes difficiles à former, et qu'on ne peut lier sans les confondre, ou sans recourir à des traits parasites et qui ne font nullement partie de l'alphabet : les signes les plus simples et les plus expéditifs sont principalement adaptés à des consonnes qui se rencontrent rarement dans le corps de l'écriture, tandis que les caracteres les plus compliqués sont assignés à celles dont on a le plus souvent besoin.

Certains auteurs emploient des lettres de l'écriture ordinaire, qu'ils placent au commencement, au milieu et à la fin des mots. Mais cette maniere d'écrire ne peut recevoir la dénomination de sténographie : elle n'abrege nullement, et présente une composition bizarre et indéchiffrable. D'autres, tels que Byrom, par exemple, expriment toutes les voyelles, même les médiantes, par des points qu'ils placent dans certaines positions particulieres. Quelques uns interrompent les mots à chaque syllabe, et mettent les consonnes à une hauteur indicative d'une certaine voyelle. Mais toutes ces méthodes, où l'on veut à toute force conserver les lettres vocales (1), sont excessivement

(1) On faisoit jadis en France un abus excessif des voyelles : *Sûre*, *façon*, *façade*, s'écrivoient *seure*, *faceon*, *faceade*. La réforme qu'on a faite de cette monstrueuse superfluité justifie le sentiment avancé par Mountbodo, dans son traité sur l'Origine et le Progrès des langues, ouvrage très estimé en Angleterre, et où il soutient avec beaucoup d'esprit que le langage n'est pas naturel à l'homme. Ce judicieux observateur prétend que les idiômes les plus barbares de l'Amérique, tels que ceux des Hurons, des Algonquins, etc., sont ceux qui abondent le plus en voyelles (*). Le savant Béa-

(*) Milton, dans son Traité sur l'éducation, observe que les Anglais ne prononcent presque point les voyelles; mais il attribue cette suppression au froid du pays, qui les empêche d'ouvrir beaucoup la bouche.

Delille, dans son discours préliminaire des Géorgiques, dit que, dans les pays du nord, l'organe de la voix est resserré par le froid. Il ajoute que les Français ont beaucoup trop d'*e* muets, trop de syllabes sourdes.

vicieuses; elles ralentissent l'écriture,
et ne servent qu'à jeter l'esprit dans la

---

tie, célebre par son *Essai sur la vérité*, rapporte
que chez les peuples qui habitent les bords de la
riviere Orellana le mot *poetaarorincouroac* veut
dire *trois*. Quoi qu'il en soit, n'est-il pas inutile
de conserver, dans une écriture *abrégée*, l'E devant F, L, M, N, R, S, X, et après B, C, D, P, T,
puisqu'ils emportent avec eux cette voyelle? Il
en est de même de l'A après le K, et de l'U après
le Q; on sait que ces lettres sont inséparables dans
notre langue. On supprimoit autrefois l'*u* après
le *q*, comme on le voit encore dans l'église de
la Trinité à Canterbury, sur l'épitaphe d'Edouard,
appelé Prince noir. Elle commence ainsi :

> Tu qɪ passe avé bouche close
> Par là où ce corps repose
> Entent ce qɛ je te dirai, etc.

Dans les écoles de l'université même on écrivoit
et prononçoit *quanquam*, ᴋᴀɴᴋᴀᴍ : ce n'est que
depuis Ramus qu'on écrit autrement. Ce changement excita de grands troubles dans la Sorbonne.
Les docteurs condamnerent à la censure quiconque
oseroit prononcer *quanquam*. Un jeune écolier
ayant hasardé ce mot dans un éloge public, les
partisans du *kankam* avertirent le doyen, qui punit
le rebelle en déclarant vacant un bénéfice qu'il

plus assommante perplexité (1). On
pourroit appliquer à celui qui les adopte

---

possédoit. La cause fut portée devant le parlement,
qui renvoya l'ecclésiastique à son bénéfice et le
kankam aux grammairiens. Cette dispute a donné
lieu au proverbe *Voilà bien du kankam! Quel
kankam pour si peu de chose!*

A quoi servent aussi, dans une sténographie,
les voyelles qui entrent dans la composition du
mot *aime*, puisqu'une seule lettre donne parfaitement le son de cet impératif? La langue italienne
fait bien l'apocope de toutes les voyelles finales en
parlant; pourquoi ne pas prendre en écrivant rapidement la même liberté pour les centrales?

Nous terminerons cet article en rappelant encore
à nos lecteurs que *ma mie* se prononçoit autrefois
ma amie, et que la suppression d'un *a* est devenue
nécessaire par l'hiatus que produit la rencontre de
ces deux voyelles. La délicatesse de l'oreille française a été portée si loin à cet égard, que nous
avons mieux aimé donner le masculin aux pronoms
possessifs devant des substantifs féminins, et parler
par conséquent *suisse*, que d'entendre le choc de
deux lettres vocales. Ainsi nous disons *mon oreille,
mon épouse;* et cependant nous éclatons de rire
quand un Allemand dit *mon bouche, mon femme.*

(1) L'admission des voyelles exprimées par des

ce que Dandin dit à l'Intimé sur sa briè-
veté verbeuse :

Il auroit plutôt fait
De dire tout vingt fois que de l'abréger une.

En un mot, la nature agit par les
voies les plus courtes : la longueur des
procédés est impuissance, et la multiplicité des secours est foiblesse. (1)

Aucune de leurs lettres alphabétiques
n'admet de liaisons régulieres ; toujours

points placés à de certaines hauteurs exige une
exactitude mathématique que ne comporte pas
une écriture rapide : *Res in aprico jacet.*

(1) N'y a-t-il pas plus que de la foiblesse en effet
chez un abréviateur d'employer les voyelles initiales dans ces mots, *Admirer, arrêter, écarter,
éternuer, identité, idiôme, orfevre, orangerie,
unanime, ustensile,* etc. ? Nous n'avons donné
que deux exemples pour chaque voyelle ; mais
il est une infinité de mots qui présentent la même
superfluité, et elle auroit dû sans contredit être
bannie de tous les traités d'abréviation. Cependant la sténographie est la premiere méthode qui
ait pris cette liberté, et on peut dire que cette ten-
tative a été suivie du succès le plus incontestable.

quelques traits superflus et sans expression viennent embarrasser et l'écrivain
et le lecteur. En vain, pour remédier
à cet inconvénient, ces abréviateurs
adoptent-ils la méthode de lever la
plume au milieu d'un mot, et toutes les
fois qu'ils expriment des terminaisons;
les signes qu'ils emploient pour représenter ces mêmes finales sont si nombreux, qu'ils suffisent pour jeter beaucoup de confusion, et qu'ils deviennent
inadmissibles si l'on veut aller vîte et
être lisible. Et n'est-il pas constant qu'un
procédé dont le but est de fixer les sons
fugitifs de la parole doit nécessairement
rejeter tout ce qui ralentit la prestesse
de la main, tout ce qui produit son repos? Et parmi les causes de ce retard
ne doit-on pas compter l'emploi des
traits parasites, la surabondance des
formes, le trop grand prolongement
des lignes, leur irrégularité, et sur-tout
leur isolement ou leur séparation? Des

méthodes qui réunissent ces défauts sont jugées au premier coup-d'œil; et s'attacher à les décrier seroit leur donner une sorte d'importance qu'elles ne méritent pas.

Les terminaisons ne doivent être écrites *séparément* que lorsqu'elles ont un signe très simple, c'est-à-dire un point ou une cédille : encore vaut-il beaucoup mieux, comme nous le dirons ailleurs, joindre la cédille aux dernieres lettres ; car il est certain qu'un mot dans lequel on leve une fois la plume est plus long à former que deux autres que l'on écrit de suite.

Une autre circonstance à laquelle il faut encore faire attention, c'est que l'alphabet de presque tous les sténographes qui ont précédé Taylor est chargé d'une infinité de caracteres symboliques qu'ils emploient à figurer une certaine classe de mots, dans l'intention, disent-ils, d'être plus expéditifs :

mais le véritable motif qui les y déter-
mine, c'est que, leurs signes ne pouvant
pas se joindre les uns avec les autres,
ils éprouvent de la difficulté à écrire ces
mêmes mots et sont forcés de créer des
marques arbitraires pour les exprimer.
Quelques uns on adopté un nombre
infini de ces hiéroglyphes, suivant en
cela les traces de Séneque qui en avoit
imaginé cinq mille : de sorte que si
quelques personnes douées d'une mémoire prodigieuse ont pu mettre cette
méthode en pratique, une multitude
d'autres ont échoué dans la même entreprise. De semblables principes sont
très obscurs pour ceux mêmes qui les
ont inventés, et s'opposent à ce que
ceux qui les pratiquent en puissent tirer
aucun avantage : tandis qu'en suivant
un systême régulier et sagement conçu,
il est permis à tous les hommes d'aller
très loin dans la carriere sténographique.

Les caracteres symboliques, ainsi que les alphabets syllabaires, entraînent, nous le répétons, une foule d'inconvénients; ils fatiguent la mémoire, troublent l'imagination, rendent l'écriture inintelligible, et finissent par dégoûter celui qui les emploie : ils exigent d'ailleurs une pratique habituelle; car il arrive très souvent, après une application de plusieurs années, et même lorsque presque toute la vie a été employée à l'usage de ces hiéroglyphes, qu'ils sont encore trop peu profondément gravés dans la mémoire, et que, si l'on cessoit d'écrire pendant quelque temps, on se les rappelleroit avec peine.

Lorsqu'on se sert au contraire d'un alphabet composé de signes simples et faciles à tracer, les caracteres se casent dans la mémoire et ne peuvent s'en effacer : et comme un semblable alphabet repousse nécessairement l'emploi des signes arbitraires et symboliques, il sera beaucoup plus clair (1) que tous ceux employés dans les méthodes que nous venons de décrire. Cependant leurs auteurs avoient eu la vanité de croire et le secret de persuader à des gens éclairés (2) qu'ils avoient porté l'art à son dernier degré de perfection.

Les défauts que je viens de relever ne sont pas les seuls qui se rencontrent

---

(1) On sait que ce ne sont pas les lettres tracées par l'encre qui font impression sur la vue, mais bien celles figurées par le blanc qui espace ces traits noirs ; que ceux-ci ne réfléchissent point la lumiere, et qu'au contraire ils l'absorbent entièrement. Il résulte de là qu'une écriture formée de lignes droites et orbiculaires réunies en monogrammes qui produisent simultanément à l'œil tous leurs traits, et aussi distinctement que s'ils étoient isolés, est beaucoup plus nette que celles formées de lignes spirales ou de traits amorphoses trop compliqués, qui ne peuvent produire que cette écriture à marche et à contre-marche désignée chez les Grecs par le mot βυσροφηδόν.

(2) Nil oriturum alias, nil ortum tale fatentes.

dans les traités de sténographie. Les
uns ont laissé le lecteur sans instruction
ou sans regles pour se diriger ; d'autres
ont donné des principes si compliqués
que personne n'a pu les comprendre.
On y recommande de joindre ensemble
deux, trois, quatre, et même six mots,
et de n'écrire que les lettres initiales
quand il est besoin de célérité ; mais on
a soin en même temps de taire les mauvais effets de cette espece de réduction ;
on ne dit pas si cette maniere d'écrire est
lisible ou non, ni même comment ceux
qui l'ont inventée pourroient eux-mêmes
en tirer parti. Il est facile de voir, pour
quiconque se donne la peine d'observer,
que ceux qui ont imaginé ces contractions, et qui s'exposent à en donner des
regles, doivent tout le succès de leur
méthode à l'excellence de leur mémoire, et que si, par évènement, ils ne
peuvent transcrire sur-le-champ leurs
signes abréviateurs dans le type ordi-

naire, il est impossible qu'ils puissent jamais les déchiffrer. Ce procédé n'est bon à rien, et des caracteres symboliques employés d'après cette méthode la rendroient encore beaucoup plus mystérieuse.

C'est à ces imperfections qu'on doit reprocher tous les préjugés qui se sont élevés contre l'art abréviateur. Bien des gens ont abandonné cette maniere d'écrire sans y avoir pu faire aucun progrès, et ont été découragés par le mauvais choix des caracteres ou l'obscurité des regles qu'ils avoient adoptées. La méthode que nous offrons au public n'aura pas cet inconvénient; et cette assertion est fondée sur la justice qui a été rendue par toute l'Angleterre au systême de Taylor, dont le nôtre est une imitation adaptée à la langue française avec des changements très utiles.

Après avoir considéré les vices des autres méthodes quant à l'emploi de leurs consonnes, de leurs voyelles, de leurs hiéroglyphes et de leurs regles de contraction, ainsi que les différents préjugés qui se sont élevés dans l'esprit de ceux qui les ont mis en usage, nous entrerons dans le détail des objections qui ont été faites à la pratique de la sténographie elle-même.

D'abord la plupart de ceux qui sont étrangers à cet art semblent disposés à regarder nos caracteres comme des expressions arbitraires de mots, et supposent qu'il en existe un nombre suffisant pour représenter tous les termes de notre langue : la nécessité de se graver dans la mémoire ce nombre prodigieux de signes les effraie; et de là l'éloignement pour cette science. Nous allons les détromper.

Les mots de notre sténographie sont formés avec les lettres régulieres d'un alphabet constant, uniforme, comme celui de l'écriture usuelle. Elles different des lettres communes par la supériorité qu'elles ont sur elles, c'est-à-dire en ce qu'elles sont plus simples, plus promptement tracées et plus faciles à joindre, n'ayant aucun de ces déliés ou liaisons superflues et sans expression que les lettres communes exigent. D'ailleurs, les caracteres s'unissant et s'enlaçant entre eux sans d'autres traits que ceux qui sont matériellement nécessaires pour former la lettre elle-même, la plume se manie plus aisément dans cette espece d'écriture que dans celle formée par les caracteres des autres abréviateurs, et même par le type ordinaire.

D'autres fondent leur critique sur le temps nécessaire pour acquérir des connoissances médiocres en sténographie; ceux-ci sur ce qu'elle a, disent-ils, de la tendance à *gâter* la main; ceux-là enfin sur ce qu'elle nuit à la véritable orthographe. Il est facile de détruire ces fausses imputations.

Le temps nécessaire pour apprendre à sténographier ne peut faire un moyen de reproche que pour ceux qui n'auroient pas le talent de l'application, et ils attaqueroient de même toutes les sciences qui exigent un peu d'étude. Mais, pour tranquilliser les personnes qui regrettent le plus la perte du temps, nous les prévenons que six heures de méditation sur ces principes sont plus que suffisantes pour en acquérir la théorie. Nous leur déclarons en même temps que cet exercice est digne des premieres heures de la journée, trop précieuses pour des soins ordinaires, et qu'il est difficile de se rendre un meilleur compte de ses loisirs.

Quant au second reproche, il n'est pas plus fondé. La sténographie, dit-on, dérange la main. Mais ses caracteres portent-ils quelque ressemblance à l'alphabet ordinaire? ont-ils avec eux la moindre analogie? Aucune. Hé bien!

au nom du sens commun, qu'on nous dise donc comment ils peuvent nuire à la maniere ordinaire d'écrire. Le jeune éleve qui suit l'école de dessin se *gâte-t-il* la main en crayonnant des figures d'oiseaux, de poissons et d'animaux de toute espece? et l'habitude de dessiner des arbrisseaux et des fleurs empêche-t-elle de tracer une coquille, un insecte, un minéral? La négative répond certainement d'une maniere bien victorieuse à toutes ces questions.

Enfin la troisieme inculpation, plus frivole encore que les autres, porte sur ce que la sténographie nuit à l'orthographe, parcequ'elle est pour ainsi dire l'écho de la prononciation : mais cette erreur ne peut être accueillie que par des esprits peu réfléchis, puisque la langue latine, que tout le monde apprend, s'écrit elle-même comme elle se parle. Est-il vraisemblable d'ailleurs qu'un écrivain qui s'accoutume à des

contractions puisse pour cela pécher
contre la véritable orthographe? Les
écoliers de droit, qui syncopent leur
écriture sous la dictée rapide d'un professeur, seroient donc ceux qui s'en
écarteroient le plus. Mais citons l'opinion de Locke; elle aura surement plus
de poids dans cette circonstance que
toutes nos assertions. Ce philosophe est
si éloigné de croire que la sténographie
soit préjudiciable à l'orthographe et à
l'écriture, qu'il en recommande l'é-
tude, en prescrivant toutefois d'attendre qu'on soit très familier avec les
caracteres ordinaires. L'inimitable Richardson place un sténographe dans
presque tous ses romans; et le savant
Molineux (1), dans une lettre au pro-

_____

(1) Comme il est plusieurs écrivains de ce nom
en Angleterre, nous rappellerons à nos lecteurs
que Molineux que nous citons ici est celui dont
Locke s'honoroit d'être l'ami, et qui, après avoir
proposé le premier cette question aussi neuve

fond penseur dont nous venons de parler, lui dit : « Je veux que mon fils apprenne la sténographie, non pas de
« maniere à pouvoir un jour suivre de
« la plume la parole d'un orateur (1),
« mais pour l'appliquer à son usage particulier. Croyez-m'en, ajoute-t-il, c'est
« une connoissance très nécessaire aux
« gens de lettres et aux gens d'affaires :
« je regrette beaucoup de ne l'avoir
« point apprise, et j'en ai reconnu le

qu'ingénieuse, « *Si un homme aveugle né, et*
« *accoutumé à distinguer par le tact un cube*
« *d'un corps sphérique du même métal et pres-*
« *que de la même grosseur, pourroit, en recou-*
« *vrant la vue, dire, sans les toucher, quel seroit*
« *le globe et quel seroit le cube* », la résolut par
la négative, et entraîna dans son sentiment Locke
lui-même et les savants de tous les pays. On conviendra que le suffrage d'un tel homme doit être
de quelque poids dans l'opinion publique.

(1) La méthode de Taylor n'existoit pas alors,
car il n'auroit pas eu besoin de cette restriction.

« mérite dans les avantages que d'autres
« en ont su retirer. »

Taylor, dans le long cours de sa profession sténographique, n'a négligé aucune des observations qui lui ont été
faites; et c'est d'après ces observations
et les siennes propres que, rectifiant sa
méthode, il est parvenu à lui donner
ce degré de perfection reconnu par un
nombre prodigieux d'éleves dans les
universités d'Oxford, d'Écosse et d'Irlande, qui ont abandonné les anciens
systêmes pour s'attacher à ses principes.
Ces éleves, ainsi que les meilleurs juges
en sténographie de l'Angleterre, lui ont
donné les témoignages les plus hono-
rables : on y distingué sur-tout celui du
docteur Béatie, professeur de morale,
dont nous avons parlé plus haut. Cet
écrivain déclare que, de tous les systêmes sténographiques qu'il a exami-
nés, et il en a vu beaucoup, celui de
Taylor est sans contredit le meilleur;

que l'art ne lui paroît pas susceptible d'une plus grande perfectibilité; et que l'auteur est incontestablement à la tête de sa profession. Taylor, étranger à son propre mérite, a cependant la modestie de douter qu'il ait atteint le dernier degré de cette science (1); mais il a en

---

(1) Quoique nous soyons bien persuadés qu'on ne puisse pas porter plus loin que nous l'abréviation en conservant la clarté nécessaire à la lecture de la sténographie, et que nous ayons mis les connoisseurs à portée de voir *quid distent æra lupinis*, nous suivrons le précepte du docteur Denham. Cet écrivain, plein d'ingénuité et de candeur, défend à tout homme qui compose de jeter le découragement dans l'ame de ses concurrents ou de ses successeurs, et d'imiter la conduite des despotes d'Asie, qui immolent à leur penchant pour la domination leurs parents, leurs freres, et leurs enfants, pour mieux consolider leur regne. Également pénétrés de la justesse de cette maxime de Cicéron, *detrahere aliquid alteri, et hominem hominis incommodo suum augere commodum, magis est contra naturam quam mors, quam paupertas, quam dolor, quam cætera quæ*

C 4

même temps la vanité de croire que nul n'a pris autant de soin que lui pour s'y distinguer. C'est une justice que ne pourront lui refuser ceux qui s'appliqueront à observer sa méthode. Ils se convaincront des peines qu'il a dû se donner pour la porter à un degré de précision et de simplicité tel, qu'en la suivant on peut écrire dans notre langue plus de choses en une heure qu'en huit par le procédé ordinaire.

Il est aisé de calculer d'après cet avantage les services que cette méthode peut rendre à toutes les classes de la so-

---

possunt aut corpori accidere aut rebus externis, nous n'attaquerons personnellement aucun abréviateur : mais nous promettons que, dans très peu de temps, les personnes qui adopteront notre méthode pourront jeter le gant aux plus grands adeptes dans l'art tironien, et leur donner le défi du poëte de Venuse :

Detur locus, hora,
Custodes : videamus uter plus scribere possit.

ciété. Les gens riches y trouveront une récréation instructive, un remede efficace contre l'ennui (1). Un bon livre, copié d'après cette méthode, offre ensuite à la lecture un plaisir inconnu, *hoc juvat et melli est;* il semble qu'on s'électrise avec l'auteur, *mens ardescit legendo;* et l'on prend souvent même pour un effet de l'imagination ce qui n'est que l'explication méchanique de l'alphabet le plus sagement conçu qu'il soit possible d'inventer. Nous avons copié nous-mêmes avec ces caracteres

---

(1) Le type ordinaire attache foiblement les yeux; les passions, les réminiscences, le sommeil même, ferment souvent les avenues de la réflexion et la détournent de son objet. Il n'en est pas ainsi de la sténographie; comme l'œil ne lit ses caracteres qu'avec le secours du jugement, elle commande impérieusement l'attention, tire les sens de leur engourdissement, pique la curiosité, tient l'esprit sans cesse dans l'attente de ce qu'il va dévoiler, et secoue par cette tension continuelle le joug tyrannique des distractions.

l'Émile de Jean-Jacques Rousseau, presque tout Moliere, les œuvres de Gentil (1) Bernard, une partie des pieces de Racine, Paul et Virginie de Bernardin de Saint-Pierre, ainsi que les deux volumes des Fables de la Fontaine; et nous avons lu ces différents ouvrages avec une si grande facilité, quoiqu'après un assez long intervalle de temps, que nous croyions devoir attribuer à l'opération de la mémoire ce que nous ne devions uniquement qu'à la bonté de notre méthode, qui à l'extrême simplicité de ses signes réunit la faculté d'abréger à un point vraiment étonnant. A moins d'ôter tout-à-fait à l'écriture sa forme corporelle, il n'est pas possible de porter plus

_____

(1) Malgré le respect dû à la mémoire et à la réputation de Voltaire, nous croyons devoir profiter de cette occasion de nous élever contre le ridicule d'une épithete qui sent par trop son air de protection, et qui ne convient nullement à l'émule d'Anacréon, d'Ovide et de Tibulle.

loin la réduction de ses caracteres; et l'on peut, pour ainsi dire, appliquer à la sténographie la vertu du *Bel-men* dans la bouche de Covielle. On saisit d'un seul coup-d'œil la substance de plusieurs pages du type usuel : la fable de la cigale n'occupe de cette maniere qu'une seule ligne (1); et si l'Iliade d'Homere, écrite en caracteres sténographiques très imparfaits, fut autrefois renfermée dans une coque de noix, nous ne doutons pas qu'on ne pût, en adoptant nos principes, comprendre dans un beaucoup plus petit espace le chef-d'œuvre de ce divin auteur.

_____

(1) On peut donc par le moyen de la sténographie se composer une bibliotheque portative considérable; et la pratique de cet art, qui ne peut manquer d'étendre le cercle de nos connoissances, donne à l'esprit une pente naturelle vers les occupations utiles; elle procure en même temps l'avantage si bien exprimé par ce vers:

Emollit mores, nec sinit esse feros.

La sténographie doit faire une branche d'étude très intéressante pour les personnes qui embrassent l'étude des lois et des sciences abstraites. Elle fournit aux unes la faculté de retenir d'une maniere exacte et correcte les arguments de leurs adversaires, les sentences prononcées par les juges, les réponses des accusés aux interrogatoires, la déposition des témoins, et les prononcés des jurés (1); aux autres

(1) En Angleterre, et dans tous les pays où la preuve testimoniale ne s'écrit point, de peur qu'elle ne soit altérée par l'ineptie, la méchanceté ou la corruption de celui qui la reçoit, et même par la difficulté de rendre à la déposition d'un témoin toute sa vérité textuelle dans un style qui ne souffre pas de synonymes ; de peur aussi que cette partie essentielle de la procédure, se trouvant spoliée ou incendiée après la mort ou l'absence d'un témoin, n'arrête le cours de la justice et ne laisse le crime le plus atroce impuni; la sténographie est d'une nécessité indispensable ; et l'on a vu le tribunal et le conseil

le moyen de suivre de la plume les leçons des meilleurs professeurs. La con-

---

d'Hastings occuper chacun un sténographe pour
recueillir littéralement les charges du célebre procès suscité par Burke contre ce gouverneur de
l'Indoustan. Cet art, quoique dans son imper-
fection, avoit déja en Angleterre la plus grande
vogue avant la révolution de 1688. Charles I s'en
servit dans sa prison, comme on le voit dans les
numéro 111, 118 et 119 du vol. 3 de ses lettres,
qui sont écrits en caracteres sténographiques. Ce
fut aussi en partie sur un passage sténographié de
son sermon que le prédicateur Rosewell fut jugé
coupable de haute trahison et condamné à mort
sous le regne du superstitieux Charles II (*).

L'abréviation est encore d'un très grand secours

(*) Shakespear, qui vivoit dans le 16ᵉ siecle, fait dire dans
sa tragédie de MACBETH, au médecin de la princesse de ce
nom, dans la scene où elle parle en dormant :

« I will set down what comes from her to satisfy my
« remembrance the more strongly. »

« Je veux recueillir par écrit ce qui va sortir de sa
« bouche, pour me l'imprimer plus fortement dans la
« mémoire. »

Ce qui peut faire penser que ce médecin étoit censé
posséder l'art de l'abréviation.

noissance de la sténographie convient
en un mot, on le répete, à tous les pays
et à toutes les classes de la société; au
voyageur, qui pourra tenir des notes
secretes et expéditives de ses observations; aux personnes qui sont forcées
de recourir aux bibliotheques publiques
pour y faire des extraits; à l'amateur du
spectacle, qui, avec quelques traits de
crayon, conservera les vers les plus pi-
quants ou les maximes les plus frap-

---

en Suede, cet ancien berceau de la liberté. Bun-
gengrouna, secrétaire de la chambre des nobles,
est dans ce pays un prodige en sténographie :
non seulement il recueille par ce procédé tout ce
que disent les orateurs, mais il tient encore note
des inflexions de leur voix, et réunit le double
talent décrit dans ce vers d'Horace,

Legitimumque sonum digitis callemus et aure;

de sorte qu'au moment où il fait lecture des
procès-verbaux de la Diete, chacun des mem-
bres qui ont parlé croit encore être à la tribune.

pantes d'une nouvelle piece. Il suffi-
roit, pour se pénétrer de son utilité,
de jeter un coup-d'œil sur la liste des
souscripteurs qui ont encouragé de leur
protection l'ingénieuse entreprise de
Taylor, et qui se trouve à la tête de
son ouvrage.

Un des grands avantages de ce systême, et celui peut-être qui lui fera le
plus d'honneur, c'est qu'il offre à toutes
les nations du globe une base générale
de sténographie et un alphabet abréviateur universel (1) dont le succès ne
peut manquer de répondre à l'opinion
que Taylor s'en est formée. Nous espé-
rons aussi qu'il remplacera l'écriture
usuelle chez beaucoup de personnes, sur-
tout chez celles que le méchanisme de

_____

(1) Nous indiquerons à la fin de cet ouvrage les
différences qui existent entre la méthode de
Taylor et l'application que nous en avons faite
au français ; et par ce moyen le lecteur aura
sous les yeux l'original et l'imitation.

l'écriture fatigue, ou dont il trouble les idées; et nous ne craignons pas de prédire que les imprimeurs seront forcés d'en faire une étude particuliere pour livrer à la presse les productions des auteurs, qui sans doute adopteront nos principes. Et comment en effet douter de la réussite d'un procédé qui rend la main rivale de la voix, et lui fait, pour ainsi dire, devancer la pensée; réunit l'utile à l'agréable, amuse, instruit, plaît aux gens gais et aux esprits sérieux, et qui a le mérite d'être aussitôt pratiqué par les personnes âgées que par la jeunesse? En effet cette méthode, qui est fondée sur des regles constantes, et dégagée de toute espece d'arbitraire, n'occupe presque pas la mémoire; mais elle tend, sur-tout dans les commencements, les ressorts de l'imagination, en la forçant de suppléer au vuide laissé par la suppression des voyelles; et l'intelligence de la sténographie dépendant toujours du sens qui précede et qui suit, il est certain qu'un homme d'un âge mûr a plus de chances pour saisir la vraie signification d'un mot écrit avec nos caracteres qu'un jeune homme sans expérience et sans érudition. Ainsi les termes *mesure* et *masure*, *rugir* et *rougir*, *meûniere* et *maniere*, *ride* et *rude*, *compagne* et *campagne*, *poignard* et *peignoir*, *volage* et *vilage*, *maladie* et *mélodie*, *marmite* et *marmote*, s'exprimant dans notre alphabet par les mêmes traits; c'est sans contredit la conception la mieux cultivée qui donnera le plus promptement à ces synonymes sténographiques, si je puis parler ainsi, leur véritable signification. Nous eussions pu, par une plus grande multiplicité de signes, soulager l'intelligence; mais c'eût été aux dépens de la mémoire; et cet organe purement corporel étant plus facile à fatiguer et moins complaisant que les facultés men-

D

tales (1), il est bien plus simple de mettre
en action le jugement, cet agent intellectuel, dont les opérations plus promptes
et plus dociles déchirent presque sans
peine le voile énigmatique que la simi-
larité de certaines expressions étend sur
quelques phrases sténographiées. Cet
aveu pourra être tourné en objection
contre nous : la censure, toujours ja-
louse de la nouveauté (2), et trompette
infatigable du mérite des anciens, ne
manquera pas de dire que les mots dont
on vient de parler, paroissant entièrement semblables, deviendront très équi
voques, et que l'omission des voyelles

(1) On force l'ame à penser, comme le corps à
marcher. LOCKE.

Quodcumque imperavit animus sibi obtinuit.
SENECA.

(2) Horace disoit :

Indignor quicquam reprehendi ; non quia crasse
Compositum illepideve putetur, sed quia *nuper*.

rendra l'écriture illisible : mais de telles armes ne sont point redoutables. Les gens éclairés conviendront que, si l'algebre est, comme l'a dit un savant, une sténographie mathématique, la sténographie est l'algebre de l'écriture, et qu'on peut retrancher certaines lettres des mots comme on supprime certaines phrases d'un discours sans nuire à l'esprit du texte : ce moyen même fait faire dans les deux cas un chemin beaucoup plus court à l'instruction.

Il n'est sûrement aucun de nos lecteurs qui fût embarrassé dans la véritable interprétation des signes représentant les mots que nous venons de citer : le fût-il un instant, cette irrésolution tourneroit au profit de son intelligence ; forcé d'imaginer ce qu'il ne peut découvrir sous l'emblême d'un type réduit aux formes les plus contractées, cet exercice, quoique peu pénible pour lui, parceque son discernement est aidé du sens qui précede et qui suit le mot qui l'arrête, ne l'en identifie pas moins en quelque sorte avec celui qui a composé : avantage précieux, et qui n'a pas même encore été entrevu par aucun de ceux qui ont traité de l'abréviation. Au surplus, le but principal et presque unique de la sténographie étant de suivre la parole de l'orateur, il n'importe en aucune maniere que la lecture en soit un peu moins coulante que celle de l'écriture ordinaire; mais ce léger inconvénient disparoît bientôt par la pratique. Nous allons plus loin, et nous prétendons qu'avec le temps la lecture de nos caracteres devient plus rapide que celle du type commun : car de même que la parole est le signe audible des idées, les lettres sont le signe visible de la parole; et plus l'intermédiaire entre la pensée et le sens est court, plus l'imagination est prompte à l'expliquer. Ainsi l'inscription SPQR qu'on voit sur les enseignes romaines présente un texte qui s'interprete en un clin-d'œil, quoiqu'il comprenne quatre mots formant vingt-quatre lettres : il en est de même des marques numérales et des notes de musique. Cette observation, comme on le pense bien, n'est applicable qu'aux lectures muettes ou mentales, et non à celles qui se prononcent ; car pour ces dernieres le méchanisme de la voix exige le même temps avec des caracteres sténographiques qu'avec le type ordinaire ; il n'y a que l'organe de la vue qui puisse y gagner.

L'habitude de sténographier fortifie la mémoire : cette faculté physique, et trop souvent dépositaire infidele des idées offertes par les objets qui frappent notre vue, les conserve bien plus facilement lorsqu'ils ont des traits auxquels nos yeux ne sont pas accoutumés. Nous en avons la conviction dans l'histoire

par les médailles et emblêmes, qui se
retient mieux que celle qui est écrite.
C'est ce caractere de nouveauté dans
des formes physionomiques qui fit que
Cynéas, ambassadeur du roi Pyrrhus
chez les Romains, put se rappeler les
noms des spectateurs qui l'entouroient,
et que le lendemain il nomma tous les
sénateurs et les plébéiens sans en oublier
un seul. C'est à l'analyse des traits les
plus bizarres ou les plus frappants de la
physionomie que Cyrus devoit le sou-
venir de tous les noms des soldats qui
composoient son armée; c'est en asso-
ciant des idées à la variété des formes
qu'Hortensius, assistant un jour à un
encan public à Rome, retint le prix et
les noms de tous les effets vendus ainsi
que celui des acheteurs, et que le compte
qu'il en rendit se trouva exactement
conforme à celui du crieur. C'est par
cette même association des idées à la
délinéation des signes sténographiques

que les hommes de loi, les comédiens, et tous ceux qui, en Angleterre, sont obligés par état de parler en public, se font une mémoire artificielle, et qu'ils parviennent à retenir beaucoup plus promptement ce qu'ils apprennent que s'ils l'avoient écrit avec des lettres d'une configuration plus familiere. Enfin c'est dans ces vues que Wincklemann, savant auteur allemand, a réduit en figures la logique d'Aristote. Et qu'on ne croie pas que ce soit une chose indifférente qu'une mémoire plus ou moins fidele. La puissance commémorative est la source de l'imagination; elle est le principal moteur de toutes les opérations du jugement : et les poëtes ont proféré une grande vérité quand ils ont donné aux Muses le nom de *filles de mémoire*. Nous avons des preuves incontestables des lumieres qu'elle a fournies à ceux qui l'ont constamment exercée, dans l'exemple de le Grand, de Baron, de la

Noue, de Moliere, de Shakespear, de Garrick, de Macklin, ces premiers auteurs et comédiens de leur siecle; dans celui de Pascal, qui n'oublia rien de ce qu'il avoit fait, lu ou pensé de sa vie; enfin dans le modele des orateurs, le fameux Démosthene, qui copia huit fois et apprit par cœur Thucydide, pour donner, disoit-il, plus de ressort à son génie.

Comme il seroit injuste de priver notre systême d'aucun de ses avantages, nous en terminerons l'énumération en assurant qu'il peut rendre les plus grands services au commerce de l'amitié (1).

_____

(1) Plusieurs personnes peuvent avec notre méthode, ainsi que nous l'avions déja dit dans la premiere édition de cet ouvrage, en grossissant la forme des signes sténographiques, s'entendre à des distances éloignées ou inaccessibles; et ce moyen est beaucoup plus expéditif que l'alphabet ordinaire à raison de la suppression des voyelles: elles peuvent même s'entretenir de nuit en dis-

Confidente officieuse d'une passion plus vive, la sténographie peut en fixer

posant les caracteres devant une lampe ou une lumiere quelconque. Ce moyen étoit très connu chez les Romains, qui, dans des villes assiégées, se servoient de ces caracteres de *feu* pour demander ce dont elles avoient besoin. Les lettres initiales *S. C.* signifioient *succurrite citò*, secourez-nous promptement. Polybe donne une exacte description de ces alphabets pyrographiques; et le poëte Eschyle, dans sa tragédie d'Agamemnon, entre dans le plus grand détail sur les différents feux qui furent allumés sur le mont Ida par les ordres du fils d'Atrée pour lui annoncer la destruction de la ville de Troie. Ce passage est curieux, et prouve que ces signaux étoient connus 500 ans avant Jules César. Q. Curtius rapporte aussi qu'ils furent pratiqués en Asie du temps d'Alexandre.

Il est encore possible avec ce procédé de composer une arthrologie ou un alphabet physionomique, au moyen duquel un sourd ou un muet suivroit une conversation : il ne s'agiroit pour cela que de substituer à nos signes les doigts ou les traits les plus marquants de la figure, comme on le voit à la derniere page de ce traité.

le langage dans le plus petit espace ;
ses caracteres ont le mérite de com-

Ces derniers sont préférables, parcequ'ils sont
plus visibles, et qu'ils laissent toujours une
main de libre. Enfin il seroit facile, à l'aide de
nos caracteres, de former une conversation
muette, même sans le secours de la lumiere,
en se servant d'un fil de laiton bien souple avec
lequel on peut composer tous les monogrammes sténographiques, et les reconnoître au tact,
comme font les Indiens et les Sauvages avec des
quipos et des lanieres de wampum. Il est superflu
d'observer ici que la malveillance ne doit chercher aucun secours dans la sténographie ; car
une méthode qui peut être dans les mains de
tout le monde, qui s'enseigne publiquement, n'est
pas plus propre à former un chiffre diplomatique,
une écriture mystérieuse, que le type ordinaire de
l'alphabet ou de l'arithmétique, dont toute l'obscurité consiste dans la métastase des signes. Cette
transposition des lettres suffit pour produire une
variété infinie de combinaisons que le mathématicien Tacquet porte à 620,448,401,733,239,439,
360,000. On peut d'autant plus croire à la justesse
de ce calcul, que le ministre Vergennes avoit
composé, avec les caracteres usuels, une écriture

prendre, dans le contour d'un simple anneau, sur le chaton d'une bague, les protestations les plus étendues (1); et pour convaincre le lecteur de la vérité de cette assertion, il suffira de dire que quatre signes arithmétiques, très analogues aux nôtres, expriment le millésime de l'année mil sept cent quatre-vingt-douze, qui renferme vingt-sept lettres.

Nous n'ajouterons qu'un mot à ces

---

de police tellement déguisée, que sous la forme d'un billet de recommandation il délivroit une lettre de cachet qui contenoit le nom, la profession, la demeure et les qualités de celui qui en étoit porteur, sans qu'il s'en doutât, quoiqu'elle fût ouverte. Voyez le Manuel des inventions par Busch, auteur allemand, édition de 1790, article *Criptography*.

(1) Il n'est pas besoin pour cela du talent de Callicrate, célèbre artiste lacédémonien, connu par son adresse à sculpter des fourmis et de petits insectes en ivoire, et qui grava un distique élégiaque sur un grain de sésame.

réflexions, c'est que la suppression des voyelles médiantes ne doit nullement affoiblir la confiance du lecteur dans la bonté de notre méthode : les consonnes, ainsi que les marques initiales et terminatives d'un mot, aidées, comme nous l'avons déja dit, du sens qui précede et qui suit, suppléent aisément à leur défaut (1) : la plupart des termes privés de ce secours s'entendent facilement dans l'écriture ordinaire ; et il n'est personne qui, en voyant *dscpln mltr*, et *rpblq* (2), puisse hésiter à lire

---

(1) Jean-Jacques a dit : « Il seroit aisé de faire « avec les seules consonnes une langue fort claire « par écrit ». *Essai sur l'origine des langues.*

Les Persans, qui placent les voyelles hors ligne dans leurs livres imprimés, ne prennent pas la peine de les écrire, et tous leurs manuscrits en sont privés.

(2) Si cette contraction pouvoit embarrasser des hommes vivant dans un siecle de lumieres, que doit-on donc penser des peuples qui, dans

discipline militaire et *république*, surtout si l'on a l'attention de supposer par

des temps où le flambeau de l'expérience ne jetoit encore qu'une foible clarté, exprimoient cependant leurs pensées les plus importantes par des lettres initiales? Voyez les monuments des Romains dans la naissance de leur république. Les inscriptions de leurs temples, de leurs autels, de leurs ossuaires, cinéraires, lacrymatoires, et urnes sépulcrales, présentoient un sens très étendu et très entendu sous la figure de quelques lettres isolées : *v. s. m.* signifioient *votum solvit marito ; o. e. ollam emit ; o. o. olla ossuaria ; o. d. a. v. olla data a viro ; s. p. p. p. s. c. sua propria pecunia poni sibi curavit ; o. e. b. q. c. ossa ejus bene quiescant ; s. t. t. l. sit tibi terra levis.* En matieres judiciaires les initiales des mots tenoient lieu des mots eux-mêmes : *s. p. q. r. d.* annonçoient un décret du sénat et du peuple romain ; *a.* se prenoit pour *absolutio ; c.* pour *condemnatio ; n. l.* pour *non liquet ; l. s. p.* pour *legem servare promisit.* Les signes épistolaires disoient beaucoup plus de choses encore en très peu de lettres. *C. s. d. Planc. imp. cons. des.* figuroient ces mots : *Cicero salutem dicit Planco imperatori consuli designato.* La pre-

la pensée la présence de la lettre *e* entre
toutes les consonnes, car alors cette in-

---

miere partie d'une épître consistoit ordinairement en signes littéraires, tels que *s. v. g. e. v.*
pour *si vales, gaudeo, ego valeo; s. t. e. T.
l. n. v. e. e. s. C. v.* pour *si tu et Tullia, lux
nostra, valetis, ego et suavissimus Cicero vale-
mus.* Cette abréviation a été portée si loin que
de *ante diem* on faisoit *a d*, et que c'est de
cette syncope que nous est restée la préposition
ad (*). S'il restoit encore des doutes sur l'usage
suivi chez les Romains de se contenter des lettres
initiales pour exprimer la plupart de leurs mots,
nous citerions ces vers de Manilius, et sur-tout
le premier :

Hic et scriptor erit velox cui *littera verbum* est,
Quique notis linguam superet cursumque loquentis,
Excipiens longas nova per compendia voces.

Mais les actes publics de Ravenne des V⁵ et VI⁵
siecles renchérissent encore sur les Romains. On
y lit *Speclr. val. vi. inc. condd. w. cc. dn. v.
inl. mag. d. v. p. x. j. usq. in. h. d. pdta. w.*

(*) Le terme *salique* dérive pareillement de la confusion
de deux mots par lesquels débutoit la loi qui portoit ce
nom, *si aliquis.* Il en est de même du mot *augure*, qui
s'est formé de *avium garritus.*

terposition facilite beaucoup la lecture. Les Anglais, quand ils parlent notre langue, n'emploient pour ainsi dire que cette voyelle, et cependant ils se font entendre, lorsque pour dire *j'ai passé ce matin sur le Pont-Neuf avec mon ami,* ils prononcent ainsi, *jé pessé ce meten ser le Pent-Nef evec men emé.* En un mot les muets, qui lisent ce qu'on leur dit sur le simple mouvement des levres, ne peuvent presque tenir aucun compte

---

diac. schol. et col. rev. eccl. pnti. qd. p. c. ss. pp. qq. ss. pour *Specialiter valere viri inclyti conductores viri clarissimi dominus vir inluster magistratus dixerunt vir perfectissimus decem primus usque in hanc diem prœdicta vir venerabilis diaconus scholaris et collectuarius reverendœ ecclesiœ prœsenti quondam post consulatum suprascriptum prœsentes quoque supra.* Enfin le Virgile d'Asper, dont il existe encore beaucoup de fragments, présente un grand nombre de vers dans le genre de celui-ci :

Tityre t. p. r. s. t. f.

Ce manuscrit est du XIIe siecle.

des voyelles, et il n'y a que le sens de
la phrase qui peut leur faire distinguer
serment de *sermon*. Au surplus l'imagination, dont la sphere immense com-
prend simultanément toutes les parties
d'une proposition qui exigeroit un temps
infini pour être réduite en définition, a
dans sa course la vélocité du fluide
électrique; elle ne connoît ni le temps
ni l'espace; elle embrasse en un instant
un cercle immense d'idées, et les ap-
plique sans se tromper aux caracteres qui
les représentent, quelque mystérieux
qu'ils puissent être. Lorsque cependant
certaines expressions paroissent ou deviennent trop obscures, il faut les aban-
donner un instant; et en donnant au
raisonnement, averti par leurs signes,
le temps de faire son rapport à l'esprit,
on se trouve tout étonné de lire cou-
ramment les mots qui, au premier ef-
fort, avoient paru indéchiffrables. Le
succès de cette épreuve, qui dans pres-

que toutes les incertitudes est infaillible, procede des sensations imperceptibles : c'est par les sensations imperceptibles que le jugement, distrait en apparence d'un objet auquel nous croyions l'avoir fait renoncer en le dirigeant vers un autre, continue à s'en occuper sans que nous nous en doutions, et nous donne, au retour de notre vue ou de notre mémoire sur ce premier objet, la clef de l'énigme que nous avions inutilement cherchée (1). Enfin l'écriture sténographique fera faire des remarques beaucoup plus curieuses que celles-ci : on verra, par exemple, qu'elle est le noésimetre ou la mesure de l'intelligence

---

(1) Quand il se rencontre aussi quelques termes techniques qui embarrassent à la lecture, alors il faut les écrire en toutes lettres ; mais par la pratique on se familiarise avec tous ces mots, et un bon sténographe est un polymathicien, un vrai *de Clainville,* qui peut *joûter contre tout* un dictionnaire.

E

de ceux qui la pratiquent, la coupelle
où se fait parfaitement le départ des
vices d'un ouvrage, et qu'il est peu d'é-
crivains qui puissent en braver la ri-
goureuse analyse (1). Ainsi donc, soit
qu'on s'en rapporte au raisonnement,
soit qu'on parcoure l'histoire des an-

(1) La sténographie résoudra cette question
que tous les lecteurs se font journellement,
« *Pourquoi un ouvrage qui paroît mauvais en*
« MANUSCRIT *devient-il plus supportable* IMPRIMÉ?
« en démontrant que, dans le premier cas, le
« jugement, qui souvent est obligé de suppléer,
« vu la rapidité de sa marche, à ce que l'œil
« a mal saisi ou saisi trop lentement dans l'écri-
« ture, toujours plus difficile à lire que l'impres-
« sion, reste dans une tension continuelle, et
« qu'il est toujours prêt à censurer le style qu'il
« déchiffre, s'il ne s'accorde point avec celui qu'il
« vouloit substituer; que, dans le second cas au
« contraire, l'imagination, bercée par un type
« dont la lecture n'exige d'elle aucun secours,
« devient moins surveillante, et par conséquent
« moins sévere pour tout ce qui ne l'étonne ou
« ne la choque pas trop sensiblement. »

ciens, soit qu'on veuille consulter l'expérience et suivre l'impulsion donnée
par les autres peuples, on est forcé de
convenir que la sténographie est une
connoissance utile, et qu'elle doit faire
le complément d'une éducation soi-
gnée. Mais elle n'en doit pas être le dé-
but; l'étude de cette science a besoin de
quelques connoissances préliminaires;
et, si elle n'exige pas tout-à-fait les *oculi*
eruditi dont parle Cicéron au sujet des
notes tironiennes (1), elle demande,
comme les arts libéraux, une imagination cultivée et du goût pour l'application.

Nous plaçons la sténographie parmi
les arts libéraux, parceque, comme eux,
elle exerce les facultés mentales. Les
autres procédés ne doivent point pré-

---

(1) *In hac scriptura (stenographia) veræ*
litteræ non tam luculenter conspici possunt quin
oculi mentis in subsidium sint vocandi. BEGER.

tendre à ce titre, puisque, ne laissant rien à faire au jugement, ils ne peuvent former que des copistes, et des copistes toujours infideles. Celui-ci formera des hommes éclairés, des savants; il provoquera le desir de l'instruction; et en bannissant les lenteurs du méchanisme de l'écriture usuelle, il augmentera l'attrait de la composition. Il convaincra l'homme de tous les âges du plaisir qu'on éprouve en puisant *sans peine* dans les sciences et dans les arts les ressources dont le génie a besoin d'être aidé.

Alphabet

ou Tableau des lettres et mots représentés par des caractéres Sténographiques.

Lettres.	Mots	Signes représentatifs.
b	bas, beau, belle, bon, bonne......	ρ
d	de, des, Dieu, du......	/
f ou v.	vos, vous, œuf	\
g ou j.	grand, J'ai, Je, Jeu......	)
h	ah, eh, hé, hélas	9
k ou q	car, que, qui......	⌒
l	aile, elle, il......	6
m	aime, ma, me, mes......	ᴕ
n	an, en, ne, un, une	ᴗ
p	pas, peu, point......	ρ
r	air, aire, ere......	r
s	ce, sa, se, ses	—
t	et, ta, te, tes, tu		
x	excepté, exemple, eux......	⌣
y	y adverbe, yeux	⌵
ch	chance, chés, chose......	⊂
	c'est à dire, savoir......	r _
	&c......	o

Gravé pour le compte de Bertin, rue de la Sonnerie, par Dien, rue du Foin — Jacques, N° 13.

Index

de quelques terminaisons et Monosyllabes représentés par des Signes Sténographiques faisant suite à l'Alphabet.

Terminaisons et Monosyllabes.	Signes représentatifs.
On. ons. ont. ion. sion. tion. uons. xion. &c	⌐
Oue. oud. ou. ous. out. oux. oul. ouls. aoul. aout. oup. oubs. ouc. oug. oüil. muets	⌐
Oui. oüie. ouïmes. ouïr. ouïs. ouïsse. ouïtes. hui. uir. uie. üils. uis. uid. uise. uisse	⌐
Au. aud. aul. ault. aux. eau. haut. ho. oh. os. o. ot. ôt. op. oc. muets	—
Eu. cüe. eumes. eusse. eut. ud. ut. œud. euse. euf muet. u. use. ux. usse	—
Ai. ais. ait. aient. aise. ès. êt. est. aites. ête. oid. oie. oient. eoient. oise. oix. uèt. oüit. oigt. oi.	—
A as. at. ea. eas. eat. ia. oua. ua. ac. ad. ach. et autres sons analogues	—
I. is. ie. it. ient; il. ils. ipt. ix. ijs. if. ic. id. muets	—
E eé es üé. yé. yés; er. ed. ef. ec. muets	—

SYSTÊME

UNIVERSEL ET COMPLET

DE STÉNOGRAPHIE,

OU

MANIERE ABRÉGÉE D'ÉCRIRE,

APPLICABLE A TOUS LES IDIOMES.

Si quid novisti rectius istis,
Candidus imperti; si non, his utere mecum.

INSTRUCTION.

L'ALPHABET étant la premiere chose que nous devions considérer, nous prévenons le lecteur que le nôtre n'est composé que de quinze signes qui expriment les consonnes b, d, f, g, h, j, k, l, m, n, p, q, r, s, t, v, x, y, de sorte que le *c* et le *z* ne sont d'aucune utilité dans une écriture sténographique. Le *c* ayant un son tantôt rude et tantôt doux, semblable au *k* et à l'*s*, ces deux lettres le suppléeront suivant les circonstances; et le *z* sera constamment représenté par l'*s*.

Comme les lettres *f* et *v* (1) ont beaucoup d'analogie entre elles dans la prononciation, un seul signe leur suffira : il en sera de même du *g* et de l'*j*, que nous exprimerons par un seul caractere, et des lettres *k* et *q*, dont la prononciation est absolument la même. Notre alphabet doit donc se lire ainsi, b, d, f ou v, g ou j, h, k ou q, l, m, n, p, r, s, t, x, y : à ces quinze caracteres se joignent la double consonne *ch*, et neuf autres signes qui expriment des terminaisons et mono-syllabes dont nous parlerons ailleurs. Après avoir fixé le nombre des consonnes et terminaisons qui nous sont nécessaires, nous allons considérer les moyens de les obtenir d'une série de caracteres très faciles à tracer; et c'est principalement dans ce choix que nous faisons consister la supériorité de notre méthode sur toutes les autres.

Les signes les plus simples étant sans contredit ceux que peuvent fournir le cercle, la ligne

---

(1) Les Latins ont long-temps prononcé *firtus*, *firgo*, pour *virtus*, *virgo*; et l'*f* a toujours parmi nous le son du *v* dans certaines occasions. *Dix-neuf ans*, *neuf hommes*, se prononcent *dix-neuv ans*, *neuv hommes*. En gé-néral les lettres du même organe, comme le *b* et le *p*, le *c* et le *g*, le *d* et le *t*, pourroient s'employer les unes pour les autres, et n'avoir qu'un même signe; mais nous avons préféré, pour plus de clarté, de les différencier; nous

droite, les virgules ou cédilles, et les points, nous n'avons pu faire mieux que d'emprunter de ces seules figures les caracteres qui constituent notre sténographie. En séparant un cercle par une ligne horizontale nous obtenons deux demi-cercles très propres à exprimer le *k* ou *q* et l'*n*; un autre cercle coupé par une perpendiculaire nous donne deux autres demi-cercles servant à représenter le *g* ou *j* et le *ch*; et c'est tout ce qu'on peut tirer des cercles.

Les lignes droites dont nous nous servons sont, l'horizontale, la perpendiculaire, et l'oblique; et comme elles sont les plus simples, elles expriment les consonnes qui se rencontrent le plus fréquemment.

La ligne oblique tracée de haut en bas à gauche représente le *d* (tirée de bas en haut elle forme un caractere très expéditif pour figurer l'*r* lorsqu'il est joint à une autre lettre), tracée à droite elle

---

avons même eu l'attention de leur donner les formes qui ont le plus de ressemblance entre elles, afin que si dans la rapidité de l'écriture ces signes se confondoient, il n'en résultât qu'un très léger inconvénient. Ainsi, en supposant que le *b* fût formé comme le *p*, le *d* comme le *t*, le *c* comme le *g*, on en seroit quitte pour lire *boîtrine* au lieu de *poitrine*, *touceur* au lieu de *douceur*, *cicogne* au lieu de *cigogne*; ce qui ne peut point arrêter des sténographes.

désigne l'*f* ou *v* ; la ligne horizontale exprime l'*s* , et la perpendiculaire le *t*.

Ainsi les huit formes de la nature, c'est-à-dire les lignes simples et les demi-cercles, se trouvant épuisées sans nous avoir fourni plus de huit caracteres, nous allons, pour nous procurer le reste, avoir recours aux lignes droites en les bouclant à leur extrémité, comme on le voit dans l'alphabet, planche I. Les cinq caracteres obtenus de cette maniere représentent les lettres b, h, l, m, p, et composent tous les signes de cette espece dont on puisse se servir sans les confondre, quoique plusieurs sténographes en emploient beaucoup d'autres. Il ne nous reste donc plus que deux caracteres à trouver pour former l'*x* et l'*y*. La premiere de ces deux lettres s'obtient d'une ligne horizontale, et l'autre d'un trait oblique, ayant tous deux une courbure à leur naissance. N'oublions pas de dire que l'*r*, dont nous avons déja parlé, se trace, lorsqu'il est *seul*, comme dans l'écriture ordinaire.

D'autres courbes servent à exprimer les terminaisons et monosyllabes *oui*, *ou*, et *on*, ainsi que les sons qui leur sont analogues ; les autres, dont nous parlerons ailleurs, ont des caracteres encore plus simples, c'est-à-dire des points et cédilles, qui se placent dessus ou dessous la derniere lettre du mot, que nous avons figuré, dans l'index par un *trait horizontal*, planche II (1).

Le point sert à désigner toutes les voyelles et diphthongues initiales (2) et les terminaisons *é* et *i*.

Les signes des voyelles se suppriment toujours au milieu des mots; ils s'omettent aussi à leur commencement lorsqu'elles n'ont pas un son très prononcé. Malgré cette omission, l'habitude prouvera bientôt qu'avec les consonnes et des signes terminatifs on peut se faire une écriture très lisible.

Nous observons à l'étudiant qu'il doit, en traçant les lignes bouclées à leur extrémité, telles que b, h, l, m et p, les commencer par la partie qui forme anneau ou chiffre; mais il est libre de tourner cet anneau ou chiffre de la maniere qui lui est la plus commode pour les liaisons; de sorte que l'anneau peut se tracer dans deux sens, pourvu qu'il se trouve toujours à l'extrémité des signes indiqués dans l'alphabet. La ligne oblique *d* se tire de haut en bas à gauche; celle de l'*f* ou *v*, de haut en bas à droite; la ligne horizontale *s* se

---

(1) Il faut avoir le plus grand soin de ne pas prendre ces traits horizontaux pour des caracteres : ils ne sont que les signes représentant dans la pensée la derniere lettre à laquelle doit s'appliquer la virgule ou le point.

(2) On supprime même le point qui exprime ces initiales, mais ce n'est que lorsqu'on est parvenu à lire facilement ce genre d'écriture.

forme de gauche à droite, et la ligne perpendiculaire *t* de haut en bas ; le *k* ou *q* et l'*n* se figurent en contournant le cercle de gauche à droite, et le *ch* (1) se commence par le sommet comme le *c* ordinaire. Les lignes courbées à leur naissance représentant l'*x* et l'*y*, et les finales *on* et *ou*, se commencent par le crochet, mais celle de la terminaison *oui* se finit par la courbure. Nous passons aux principes.

REGLE PREMIERE.

COMME c'est une loi invariable, dans notre méthode, d'écrire d'après le son des mots, sans aucun égard pour l'orthographe, c'en est aussi une en sténographie de ne jamais lever la plume que le mot ne soit fini, à moins que ce ne soit pour exprimer les terminaisons qui se représentent par la

---

(1) On ne disconviendra pas que Taylor n'ait rendu service à l'art d'abréger par la réunion de ces deux lettres dans un signe ; car, si le *g* s'exprime par un seul caractere, il n'y a sûrement pas de bonne raison pour en donner deux au *ch*, qui n'est véritablement qu'un *g* fortement prononcé. Taylor, au surplus, n'a fait que se conformer aux principes de l'alphabet ordinaire, qui du *gs* ou du *ks* ont formé l'*x*. Il est certain que cette derniere lettre renferme les deux premieres dans *exact*, *exemple*, et les deux autres dans *Alexandre* et *réflexion*.

Exemples

auxquels le renvoi est indiqué
par l'instruction.

1	Oiseau, aimé	
2	Civil, comique, conserver	
3	Brigade, rigide	
4	Adhérer, honneur	
5	Fidèlement, constamment	
6	Ombre, compter	
7	Philosophe, phalange	
8	Dire, ride	
9	Rare, erreur, rire	
10	Miroir, terreur	
11	Ayant, voyagé, d'y, s'y	
12	Mémoire, non, tout, saisisses	
13	Contre-tems, arc-en-ciel	
14	Leçon, passion, attentions	
15	Verrou, loup, aout, saoul	
16	Réjouïmes, épanoui, huit	
17	Badaut, tableau, chevaux	
18	Désaveu, parvenus, décru	
19	Jamais, fournaise, portois	
20	Aima, mangea, éternua	
21	Midi, persil, brebis	
22	Consolé, exténué, rassasié	
23	Il eut au moins à se plaindre	
24	Olimpe, Vénus, france	

Gravé pour le compte de P.P.Bertin, rue de la Sonnerie, par Dien, rue du Foin — Jacques N°265.

virgule ou le point; encore celles qui s'expriment par une virgule peuvent-elles se lier aux dernieres lettres des mots, comme nous le démontrerons dans la suite.

REGLE II.

Lorsqu'une diphthongue ou deux voyelles commencent un mot, il ne faut marquer qu'un seul point: ce point, aidé du son des consonnes, suffira pour donner celui du mot entier. Exemple planche III, N°. 1.

REGLE III.

B peut se supprimer au milieu de certains mots, comme dans *substance, substantiel,* sans que la lecture en devienne plus difficile (1).

REGLE IV.

C ayant, comme nous l'avons fait observer, tantôt un son rude et tantôt un son doux, il sera remplacé par le *k* et l'*s,* suivant sa consonnance avec ces deux lettres. Exemple N°. 2.

---

(1) Il en est de même de beaucoup d'autres lettres, telles que le *c* ou *s,* qui se supprime après l'*x,* comme dans le mot *excellence;* du *ct* qui se retranche après l'*n,* comme dans le mot *instinct,* et du *g* qui est nul dans *magnifique, signifier,* etc.

REGLE V.

D au commencement et à la fin des mots peut être exprimé par le signe qui représente le *t* (1), sans que la lecture en devienne plus pénible ; mais il ne faut pas abuser de cette liberté. Exemple N°. 3.

F ou *V* n'ont pas besoin d'explication.

REGLE VI.

H s'omet au commencement et au milieu des mots quand il ne s'aspire point, bien entendu qu'au commencement des mots où il n'est pas aspiré on exprime par le point la voyelle qui le suit. Exemple N°. 4.

K ou *Q* n'ont pas besoin d'explication.

Nous ne parlerons de la lettre *L* que pour dire que cette lettre étant presque toujours compagne du *b* et du *p*, nous la supprimons à la fin de tous les mots où elle se trouve réunie à ces deux lettres. Il est bon cependant de ne pas prendre cette liberté dans les premiers commencements.

---

(1) La prononciation exacte donne quelquefois au *d* la force du *t* : on dit pour *froid excessif*, *froit excessif*; pour *grand artiste*, *grant artiste*. L'inverse de cet usage se trouve dans l'expression *médaille*, qui a été formée du mot *métal*.

REGLE VII.

M est très commode pour exprimer la finale *ment* quand cette désinence a la prononciation de *mant;* et, quoiqu'il y ait quelques mots qui se terminent par cette lettre, le sens indiquera quand elle sera caractere simple ou terminaison. Exemple N°. 5.

REGLE VIII.

N s'emploie pour l'*m* toutes les fois qu'ils ont le même son. Exemple N°. 6.

REGLE IX.

PH réunis, lorsqu'ils donnent le son de l'*f*, sont remplacés par cette derniere lettre. Exemple N°. 7.

REGLE X.

R, quand il est joint à une autre consonne, se forme par le même trait que le *d*, avec cette différence seulement, comme on l'a déja dit, que le *d* se trace de haut en bas, et l'*r* de bas en haut. Exemple N°. 8.

L'*r* de l'écriture ordinaire ne s'emploie que lorsqu'il n'y a point d'autre consonne dans le mot. Quand il se trouve deux *r* réunis sans autre consonne dans le mot, on les exprime encore par l'*r* habituel précédé d'un trait oblique ou de l'*r* qui a la forme du *d*. Exemple N°. 9.

Enfin, lorsque deux *r* sont joints à une autre consonne quelconque, on se sert de l'*r* qui a la forme du *d*, en doublant sa longueur. Exemple N°. 10.

S et *T* n'ont pas besoin d'explication.

REGLE XI.

L'*Y* ne prend le caractere qui lui est assigné dans l'alphabet que lorsqu'il a le son liquide ou qu'il est adverbe et seul; car dans tout autre cas, et même dans les monosyllabes d'*y*, n'*y*, s'*y*, il reçoit le signe de l'*i* voyelle. Exemple N°. 11.

REGLE XII.

Si deux mêmes consonnes se rencontrent ensemble dans un même mot, il ne faut en écrire qu'une (1); mais lorsqu'elles sont séparées par une

---

(1) Cependant, lorsque des consonnes redoublées ont chacune un son distinct, comme dans les mots *comminatoire*, *horreur*, *ressortir*, *desservir*, *collation*, *vaciller*, *immortel*, il faut encore les exprimer toutes les deux, ainsi qu'on l'a vu à l'exemple du n°. 10; et le lecteur doit pour cela s'appliquer à bien connoître la valeur des lettres et la prononciation.

voyelle ou par une diphthongue, alors on doit les exprimer toutes les deux, pourvu toutefois qu'elles ne forment pas une des neuf finales portées à l'index. La maniere d'exprimer ces deux lettres est de doubler la largeur des anneaux des lignes bouclées, la grandeur des demi-cercles, et la longueur des lignes droites (1) : on triplera la forme du signe si la lettre est triple; mais le cas est rare. Exemple N°. 12.

REGLE XIII.

Nous recommandons à l'écrivain de couper les mots composés, parcequ'il les trouvera plus faciles à tracer et à déchiffrer. Exemple N°. 13 (2).

DES TERMINAISONS.

REGLE XIV.

Les terminaisons *on*, *ons*, *ion*, *sion*, *tion*,

---

(1) Nous comprenons dans cette regle les monosyllabes *non* et *tout*, quoiqu'ils aient tous deux des sons exprimés par nos signes terminatifs, parcequ'il faut un caractere très expéditif pour figurer des expressions qui se rencontrent aussi souvent dans le discours.

(2) Il en est aussi qu'on peut réunir dans un monogramme, comme *peut-être*, *quelquefois*, et beaucoup d'autres encore laissés à la disposition de l'écrivain.

cions, *ont*, *xion*, *onc*, *omb*, *ond*, *ong*, et autres désinences analogues, s'expriment par un trait horizontal courbé à sa naissance. Exemple N°. 14.

REGLE XV.

CELLES en *oue*, *oud*, *ou*, *ous*, *out*, *oux*, *oul*, *ouls*, *aoul*, *aout*, *oup*, *oubs*, *oud*, *oug*, *ouil*, MUETS, par une ligne perpendiculaire courbée à son sommet. Exemple N°. 15.

REGLE XVI.

CELLES en *oui*, *ouie*, *ouisse*, *uisse*, *ouimes*, *ouir*, *huit*, *uie*, *uis*, *uits*, *uid*, par une ligne horizontale courbée à son extrémité. Exemple N°. 16.

REGLE XVII.

CELLES en *au*, *aud*, *ault*, *aut*, *aux*, *eau*, *haut*, *ho*, *o*, *oh*, *op*, *os*, *ôt*, *oc*, MUETS, par une cédille excentrique placée au-dessous de la derniere lettre du mot. Exemple N°. 17.

REGLE XVIII.

CELLES en *eue* (1), *euse*, *eumes*, *eusse*, *eût*,

---

(1) Nous retranchons la finale *eux* de cette série, parcequ'elle deviendroit trop chargée; et nous l'exprimons par le signe de l'*x*.

ux, ud, usse, ut; eud, œud, euf, MUETS; par une pareille cédille placée au-dessus de la derniere lettre du mot. Exemple N° 18.

RÈGLE XIX.

CELLES en *ai* (1), *ais, ait, aient, aix, ès, ét, estes, est, oi, oid, ioit, oie, oient, eoient, oise, oix, uet, ouoit, oigt,* par une cédille rentrante placée au-dessous de la derniere lettre du mot. Exemple N° 19.

RÈGLE XX.

CELLES en *a, aic, as, ea; oua, ua; ac, ach, eas, eat, ap,* MUETS; par une pareille cédille placée au-dessus de la derniere lettre du mot. Exemple N° 20.

RÈGLE XXI.

CELLES en *i, is, ie, ient; il, ils, ys, ic, ipt, if, id, it,* MUETS; par un point placé au-dessous de la derniere lettre du mot. Exemple N° 21.

---

(1) On auroit pu ranger *ai* muet dans les terminaisons *é;* mais alors il auroit fallu exprimer le monosyllabe *ai,* premiere personne du verbe *avoir,* par le point; et la fréquence de cette expression dans le discours auroit trop chargé ce signe que nous avons déja destiné à exprimer le pronom *le la les* comme on le verra ci-après.

F

REGLE XXII.

CELLES en *é*, *ée*, *és*, *oué*, *ué*, *yé*, *yés*; *ec.*, *ed*, *ef*, MUETS ; par un pareil point placé au-dessus de la derniere lettre du mot (1). Exemple N° 22.

REGLE XXIII.

COMME les monosyllabes qui ont le même son que les terminaisons sont représentés par les mêmes signes, ceux qui s'expriment par la cédille ou virgule et le point doivent être placés hors de la ligne de l'écriture, à la même hauteur que les terminaisons, en observant de les isoler de maniere qu'ils ne puissent paroître appartenir à aucun mot. Exemple N° 23.

REGLE XXIV.

LES noms propres de personnes, des divinités de la fable, de lieux, de fleuves, etc. , qui ne sont pas très familiers à l'étudiant, peuvent s'écrire en lettres ordinaires ; mais avec un peu de

---

(1) Ce point se place sur l'avant-derniere lettre du mot, lorsque la derniere se forme du prolongement perpendiculaire ou oblique de cette pénultieme. Il en est de même de la cédille.

Paradigme

de la manière dont se joignent les caractères de l'Alphabet Sténographique

	b	d	f v	g j	h	k q	l	m
b								
d								
f v								
g j								
k q								
l								
m								
n								
p								
r								
s								
t								
x								
ch								

Gravé pour le compte de S.P. Bertin, rue de la Sonnerie, par Dien.

Paradigme

de la manière dont se joignent les caractères
de l'Alphabet Sténographique.

	n	p	r	s	t	x	y	ch
b								
d								
f v								
g j								
k q								
l								
m								
n								
p								
r								
s								
t								
x								
ch								

Gravé pour le compte de P.P.Bertin, rue de la Sonnerie, par Dien.

pratique on les sténographiera aisément en ayant
soin de terminer par un trait horizontal le dernier
jambage de la lettre qui finit le mot. Exemple
N° 24.

Nous observons au lecteur que la connoissance
des signes terminatifs et monosyllabaires doit
fixer principalement son attention, et que cette
étude marche parallèlement avec celle des regles
dont la planche III donne l'application.

Le nomenclateur compris entre les deux co-
lonnes de l'alphabet sera d'un grand secours;
mais les commençants ne doivent pas attendre
pour essayer de sténographier qu'ils le sachent
par cœur.

Il est aisé d'apprécier l'utilité du paradigme des
combinaisons planches IV et V, par la facilité qu'il
donne de joindre les caracteres entre eux. L'étudiant
le consultera souvent de peur d'adopter un genre
de liaisons difficile ou gênant, et de contracter
par conséquent une habitude vicieuse. La maniere
d'interroger ce paradigme est fort simple. Le sommet et le côté gauche du cadre présentent chacun
une portion de l'alphabet qui renvoie aux caracteres que l'on cherche. Supposé, par exemple,
qu'on veuille joindre la lettre *b* avec la lettre *t*,
il faut chercher le *b* dans la colonne horizontale
qui forme le sommet du premier tableau, descendre jusqu'à la case qui se trouve en face de

F 2

celle de là premiere colonne latérale où est le *t*,
et on a l'exacte liaison de ces deux signes. Pour
trouver l'*s* et l'*n* réunies, il faut chercher *s* dans
le sommet de l'autre cadre, descendre jusqu'au
carré opposé à *n* de la premiere colonne latérale
de ce tableau, et on se procurera la liaison de ces
deux caracteres ; il en sera de même pour tous
les autres signes. Les cases remplies par des points
annoncent que les caracteres qu'elles devroient
contenir ne sont susceptibles de ligature avec aucune des lettres de la premiere colonne latérale.
Il est impossible de ne pas applaudir à l'exactitude que présente cette espece de table pythago-
ricienne, où toutes les combinaisons des caracteres se trouvent exactement réunies sans qu'il
en résulte la moindre confusion , malgré l'identité
apparente de certains signes , et sur-tout du *d* et
de l'*r*, qui s'expriment par les mêmes caracteres,
mais différemment liés. Nous croyons qu'il est
difficile de porter plus loin que Taylor l'intelligence et l'application qu'il a mises dans l'ordon-
nance de ce cadastre.

Les planches VI et VII offrent des modeles
d'écriture sténographique interprétée par le type
ordinaire : il suffira d'examiner attentivement ces
modeles, ou de les copier deux à trois fois, pour
reconnoître la possibilité de les imiter en très peu
de temps.

La planche VIII est un exemple de sténographie sans transcription interlinéaire, et dont l'explication se trouve à la fin de cet ouvrage.

La planche IX offre un autre exemple de sténographie dans lequel on a supprimé les voyelles initiales : quoiqu'il n'y ait aucune raison de les omettre, à moins qu'on ne soit très pressé, il est toujours bon de s'accoutumer à ce genre de réduction, et cette regle est aussi bonne à pratiquer que les autres.

Nous avons diminué le corps de nos caracteres dans la planche X, pour prouver qu'ils sont susceptibles de toutes les variétés admises dans l'écriture ordinaire, et pour faire remarquer en même temps que plus la forme de ces caracteres est petite, plus elle est expéditive et facile à tracer. Cette planche présente quelques suppressions de lettres, de mots, et même de parties de phrases. On peut encore prendre des libertés beaucoup plus grandes : mais, comme il est impossible d'assigner un terme à ces omissions, qui sont toujours subordonnées au plus ou moins de sagacité de l'écrivain, nous nous bornerons à observer qu'en général les mots d'une longue tenue, tels que *république*, *circonstance*, *encouragement*, *intelligence*, doivent s'écrire ainsi, *répb*, *circons*, *encour*, *intel*, et qu'il est essentiel d'adopter cet usage.

F 3

On peut quelquefois se contenter des consonnes initiales ; mais, comme d'après nos principes il ne faut point abuser des secours de la mémoire, on ne doit employer ce moyen que dans les sentences proverbiales ou dans les maximes d'une très grande trivialité : ainsi ces phrases, *Un tiens vaut mieux que deux tu auras*, *Tant va la cruche à l'eau qu'à la fin elle se brise*, peuvent s'exprimer ainsi : Un tiens v. m. q. d. t. a. ; Tant v. l. c. à l. q. l. f. e. s. b.

Il n'est pas d'état dans lequel il faille beaucoup écrire où l'on ne s'accoutume à abréger ; or il est aussi facile de suivre cette regle en sténographiant qu'en employant les caracteres ordinaires ; et, quand on est pressé, il faut se contenter d'une écriture qu'on puisse parvenir à déchiffrer. Les manuscrits de Jean Jacques sont tous reconnoissables à cette abréviation *l'h* pour *l'homme*. Si une sentence ou un mot familier peut être exprimé par une ou deux lettres et rester très intelligible, il n'y a pas de raison dans ce cas pour employer plus de lettres qu'il n'en est strictement besoin. Taylor, par exemple, conseille de supprimer les articles *le la les* devant les noms : nous ne l'avons pas imité à cet égard dans nos premieres éditions, parceque nous pensions que ce retranchement nuiroit à la lecture ; mais l'expérience nous ayant démontré le contraire, nous invitons à les omettre ou à les remplacer par un point : ce signe aura l'avantage de distinguer le pronom *il* de l'article *le la les* que l'*l* désignoit aussi.

Nous avons établi, dans la dixieme regle de l'instruction, que l'*m* exprimoit la finale *ment* : on peut tirer le même parti de beaucoup d'autres lettres pour désigner d'autres terminaisons ; ainsi *b* et *p* tiendront lieu de *ble* et *ple* (1), et il suffira d'écrire *tab*, *doub*, *crib*, pour *table*, *double*, *crible*. Nous conseillons cependant à l'étudiant de ne pas s'attacher à trop abréger d'abord, mais d'observer au contraire des gradations lentes, et de faire en sorte que son écriture ne soit pas trop difficile à lire ; *Nolo nimis facilem*, *difficilemque nimis*, disoit Martial.

Les répétitions de termes et de sentences arrivent souvent dans le discours : dans ce cas, pour sauver du temps, il faut tirer une ligne sous les

_____

(1) Il est bien étonnant que l'*l* soit presque la seule *consonne* qui accompagne le *b* et le *p* à la fin des mots. Les écrivains qui ont traité de l'anatomie des langues auroient dû en faire la réflexion ; car une telle singularité a surement une cause, et une cause d'autant plus ridicule, peut-être, que cette lettre absolument servile et presque inutile dans les mots *miracle*, *obstacle*, etc., ne peut pas se prononcer par les enfants, et qu'ils y substituent l'*n*, consonne absolument du même organe.

F 4

mots et sentences répétés sans interruption ; mais lorsqu'une sentence reparoît à différents intervalles dans un discours, comme le *qu'alloit - il faire dans cette maudite galere?* de Moliere ; alors on n'en écrit qu'un ou deux mots, et on exprime le reste par la marque qui désigne l'*etc.*

OBSERVATIONS GÉNÉRALES.

La sténographie étant uniquement fondée sur la prononciation, elle supprime tout ce qui est étranger à cette loi naturelle, dont tous les idiômes s'éloignent mal-à-propos, et qui dit que les hommes ayant eu une langue parlée avant d'en avoir une écrite, l'écriture ne devroit frapper l'œil que de ce qui a frappé l'oreille. En conséquence nous retranchons le (1) signe du pluriel des verbes et de tous les adjectifs et substantifs qui ont une des terminaisons spécifiées dans notre index : nous le laissons cependant aux autres ; mais on pourroit également s'en passer quand ils ne different pas sensiblement du singulier, parceque les pronoms seuls et les articles d'une phrase suffisent pour en indiquer les nombres, comme le prouve l'exemple de la langue angloise qui refuse le pluriel aux

---

(1) Il est inutile de dire ici qu'il faut supprimer l'*s* final de la seconde personne des verbes et des adverbes tels que *sans, moins, dans,* etc. où il est absolument superflu.

adjectifs et aux deux premieres personnes des conjugaisons, et celui de notre propre langue qui n'en donne point aux substantifs et adjectifs terminés au singulier par un *x*, comme *perdrix*, *heureux*, etc.

H au milieu des mots subit le même sort lorsqu'il ne change ou n'ajoute rien à la prononciation : on conviendra que dans *thermometre*, *these*, *thyrse*, il joue un rôle insignifiant, et qu'il n'y est conservé que pour indiquer l'étymologie, motif absolument nul pour un abréviateur. Nous remarquerons encore ici que la désinence *er* dans les mots où elle est muette, ainsi que dans *rocher*, *papier*, *sanglier*(1), se représente comme la terminaison *é*. Nous aurions pu appliquer ce mode à tous les infinitifs en *er* qui sont suivis d'une consonne; mais comme la sténographie est supposée accompagner la parole, la précéder même quelquefois, et qu'elle seroit ralentie dans sa marche si elle étoit obligée d'attendre la prononciation de la voyelle ou de la consonne qui suit cette désinence pour lui donner le son de l'*é* fermé

_____

(1) Tous les grammairiens s'accordent à dire que l'*r* se prononce fortement à la fin des mots suivis d'une voyelle, et aucun n'a parlé de l'exception qui donne un son muet à cette lettre finale dans *papier à lettre*, *rocher escarpé*, *huissier à cheval*, etc.

ou de l'*r* sonnante ; nous nous sommes décidés à écrire tous les infinitifs des verbes avec une *r*, dans quelque position qu'ils se trouvent. Ce parti, qui n'entraîne aucun inconvénient sensible, conserve aux mêmes mots les mêmes formes, et en facilite par conséquent beaucoup la lecture.

Nous invitons l'étudiant à commencer par écrire des vers : la rime et la mesure l'avertiront des fautes qu'il fera en relisant. D'ailleurs les mots polysyllabes sont en général moins longs dans la poésie que dans la prose. Il doit aussi sténographier correctement avant de lire, parceque plus il sera exact dans son écriture, plus il aura de facilité à la déchiffrer. Il aura d'abord plus de peine à lire qu'à écrire ; mais de l'attention et de la persévérance lui rendront bientôt ces exercices aussi familiers l'un que l'autre.

Lorsque l'écrivain essaie pour la première fois de déchiffrer ce qu'il a sténographié, le meilleur moyen est de le transporter dans l'écriture commune, et de l'épeler ensuite en donnant à chaque lettre son véritable son ; mais, après un très petit intervalle de temps, il n'aura plus besoin de recourir à cette double opération.

Il est plus facile de lire sa propre écriture que celle des autres, parcequ'on a nécessairement une idée de ce qu'on a écrit soi-même, et que la mémoire tient toujours registre de ce qui a le plus frappé l'attention ; mais avec de la pratique cette différence devient peu sensible.

On ne peut trop répéter à l'étudiant de ne point se laisser effrayer par les difficultés inséparables des débuts (1), et d'occuper tous ses moments perdus à former, bien ou mal (2), des liaisons sténographiques : il verra bientôt que ses progrès surpasseront ses espérances. Avant de commencer une chose difficile, dit Bacon, nous la regardons comme impossible ; quand elle est achevée, nous sommes surpris de ne l'avoir pas faite plutôt (3).

---

(1) *Hæc, dum incipies, gravia sunt, dumque ignores ; ubi cognoscis, facilia.* TÉRENCE le grammairien.

(2) . . . . Cum facias rem,
Si possis recte ; si non, quocumque modo rem. Hor.

(3) Cette observation peut aussi s'appliquer aux découvertes. Croiroit-on aujourd'hui qu'on employoit autrefois des hommes pour fermer la soupape d'une pompe quand le piston l'avoit levée, et que ce sont des enfants qui, détournés de leur jeu par cette importune fonction, s'aviserent d'attacher au piston une corde qui, tenant par l'autre extrémité à la soupape, la refermoit lorsque ce piston rentroit dans le corps de pompe ?

Comment concevoir aussi que les Grecs et les Romains, qui excelloient dans l'art de graver les bagues, les cachets et les médailles, n'aient jamais eu l'idée de former des planches et des caracteres pour imprimer ?

Enfin les anciens connoissoient la vertu attractive de l'aimant sur le fer, et ce n'est que dans le XIIIe siecle

Lorsqu'il se croira en état de recueillir des discours publics, il est bon qu'il s'en tienne d'abord aux principaux endroits, en observant de profiter des repos de l'orateur pour ajouter à son écriture les signes que la précipitation l'aura forcé d'omettre.

On peut employer les deux points, point et virgule, pour marquer les repos du discours : mais il vaut mieux ne désigner les pauses qu'à la fin des phrases ; et cette indication se fait en laissant un peu plus d'intervalle qu'à l'ordinaire entre les mots.

L'étudiant doit aussi, sur-tout dans les commencements, figurer ses caracteres de maniere que les anneaux ou boucles soient très marqués, et ne pas débuter par vouloir écrire trop rapidement.

La sténographie offre en général un corps d'écriture d'une forme agréable ; mais plus elle est fine, plus elle flatte l'œil.

Les caracteres qu'elle tient des formes géométriques lés plus simples lui donnent des rapports avec ceux de plusieurs langues étrangeres : l'*l* est russe, l'*m* syriaque, l'*n* télongo, le *p* grec, et la terminaison *ou* arménienne.

-----

qu'on a découvert la faculté qu'elle a de donner à ce métal une direction vers le pole.

Nous allons proposer notre avis sur les instruments qui conviennent à ce genre d'écriture. La plume sans fin seroit certainement la plus avantageuse; mais il est si difficile d'en trouver de bonnes, que Taylor lui-même a renoncé à leur usage et qu'il y a substitué les plumes métalliques. Celles d'acier et de platine sont très commodes; les dernieres ont l'avantage sur toutes les autres en ce qu'elles conservent l'encre très long-temps, qu'elles coulent facilement sur le papier, et qu'elles ne se laissent attaquer par aucun acide simple (1). Il est bon d'observer qu'en général les plumes de métal exigent du papier très lisse et de l'encre fort limpide. Quelques sténographes conseillent l'usage de celles de corbeau; mais elles s'usent trop vite et ne tiennent pas assez d'encre pour fournir à une écriture rapide.

Il est un moyen de se passer de plume et d'encre, c'est celui qu'on emploie pour calquer. On dispose sur un carré de papier noirci (2) une feuille de papier de soie huilé. Celle-ci, se pénétrant de part

_____

(1) Les meilleures plumes de ce genre se trouvent rue du Cherchemidi, n° 790, chez J. B. Joseph Breton, professeur de sténographie au licée des arts.

(2) La maniere de noircir ce papier est très simple et très connue. Il suffit de l'enduire d'une substance grasse ou butireuse qu'on mêle avec du noir de fumée.

on part de la couleur du premier dans les endroits où passe le stylet, retient d'une manière très visible, sur deux côtés, l'empreinte des caracteres tracés. Quand on veut relire cette écriture, il faut l'opposer ou l'adosser à une feuille de papier du plus beau blanc possible. En plaçant le papier noirci entre deux feuilles on obtient deux expéditions à-la-fois. Il est inutile de dire que le stylet peut se former de la pointe de tous les corps durs, tels que les métaux, l'ivoire, la corne, le buis et l'ébene.

Nous avons signé tous les exemplaires de cet ouvrage : mais, de peur que cette précaution et la protection de la loi ne soient un frein insuffisant contre la fraude, nous prévenons nos lecteurs que ces sortes d'écrits (1) sont de nature à ne pouvoir être contrefaits : nous pouvons en juger par les soins et la peine que nous nous sommes donnés pour la correction des planches, quoique nous fussions nécessairement très familiers avec les principes qu'elles présentent. Un point, une cédille transposés, un caractere plus ou moins prononcé, un espace trop resserré ou trop étendu dans les exemples cités à l'appui des regles, jettent l'étu-

---

(1) Le faussaire y voit sans cesse sa condamnation déja si bien exprimée par ce vers du célebre satyrique,

Stat contra, dicitque tibi tua pagina, fur es.

diant dans toutes sortes d'erreurs, lui font perdre patience, et le privent sans retour du fruit de son travail.

Réflexions sur les changements faits à la méthode de Taylor.

La différence des sons de la langue françoise avec ceux de l'angloise a nécessité des changemens dans l'application des signes : mais elle n'en a pas augmenté le nombre, car la méthode angloise emploie vingt caracteres alphabétiques, une marque initiale et six terminatives ; et la nôtre n'admet que seize caracteres, un signe initial et neuf terminatifs. Les finales qui, dans l'idiôme françois, comprennent souvent des diphthongues et même des triphthongues, s'expriment d'un seul trait, et contribuent par conséquent à donner à notre sténographie une prestesse bien supérieure à celle des Anglois. Les mots *oiseau, inouï*, par exemple, où elles se rencontrent, n'étant composés chacun que d'une consonne, n'emploient qu'un caractere de l'alphabet ; le reste appartient aux marques initiales, et à des points ou autres signes terminatifs qui sont eux-mêmes très expéditifs. La liaison de l'article aux noms et aux verbes par une syncope est encore un grand moyen de célérité ; *l'armée, l'ordre, l'idée, s'accorder, s'entendre*, etc. se sténographient comme s'ils ne formoient qu'un seul mot, parceque la langue françoise ne les sépare pas : l'idiôme anglois au contraire en forme deux très distincts, ce qui alonge beaucoup la prononciation et l'écriture.

Les désinences *a*, *o*, *u*, que Taylor représente par un point, peuvent se confondre avec les voyelles initiales qu'il exprime par ce même signe, placé dans la même position. Nous avons évité cet inconvénient en exprimant ces terminaisons par une virgule jetée hors ligne, c'est-à-dire dessous ou dessus la derniere lettre du mot, tandis que les marques initiales qu'on cesse d'exprimer quand on est uu peu fort, sont placées devant le mot et dans la ligne des autres lettres.

Un avantage encore que présente notre systême, et dont nous ne parlons ici que pour rappeler les soins que nous avons donnés à cet ouvrage, c'est que le paradigme offre le *ch* dans toutes ses combinaisons avec les autres lettres tandis que celui de l'original ne l'emploie que sur le premier tableau, ce qui ne donne pas l'inverse de ses liaisons.

Nous allons maintenant offrir les différence et conformité qui existent entre cette méthode et celle de Taylor, pour réunir dans un seul ouvrage le modele et l'imitation.

1°. L'alphabet est le même dans les deux

méthodes , à l'exception que l'angloise emploie le *w*, le *sh*, et le *th*, et qu'elle les exprime, savoir ; le *w*, par un demi-cercle bouclé à sa naissance, qui par conséquent a la forme du chiffre 6 dont la queue est très inclinée ou circulairement conformée ; le *sh*, par le signe qui, dans notre sténographie, figure la désinence *on ;* et le *th*, par le représentatif de notre terminaison *ou*.

2°. La terminaison *ious*, *eous* et *ius* est figurée par le signe qui chez nous indique la finale *oui*, *hui*, etc.

3°. La terminaison *tion*, *sion*, par un point au-dessus de la derniere consonne, et pour le p'uriel par un accent grave dans la même position.

4°. La finale *ing*, par une virgule à côté de la derniere consonne, et pour le pluriel par le même signe au-dessous de cette derniere consonne.

5°. Les voyelles finales *a*, *o*, *u*, par un point après la derniere consonne ; *e* et *i* ne se trouvent jamais seuls.

6°. Toutes les voyelles initiales s'expriment, dans le systême de Taylor, comme les nôtres, par des points placés avant les mots.

7°. Les signes pour rendre *etc.*, *savoir*, sont les mêmes dans les deux méthodes.

8°. Enfin, la conjonction *and* des Anglois,

G

qui correspond à notre *et*, et qui s'exprime chez
Taylor par un *n*, est désignée dans notre méthode par un *t*. Quoique ce signe s'éloigne de la
prononciation, nous avons eu de puissantes rai-
sons pour l'adopter. Le signe terminatif *é*, avec
lequel cette particule a une parfaite analogie et
que nous aurions pu employer, sert déja à exprimer toutes les voyelles initiales et les terminaisons *é* et *i*. Le charger de représenter encore le
mot *et*, c'eût été accumuler trop de fonctions sur
un caractere aussi exigu que le *point*, et s'expo-
ser à beaucoup de confusion. Le *t* est aussi prompt
à former que le point, et a l'avantage de ne pas
charger le jugement de beaucoup d'interprétations.

Nous terminerons cette instruction par l'explication de la planche XI, qui se trouve
partagée en deux tableaux. Le premier offre la
maniere de combiner les terminaisons avec les
dernieres lettres des mots; et le dernier présente
l'application de cette regle à un exemple pris
dans les fables de la Fontaine. Le lecteur observera que la combinaison de ces finales s'étend
jusqu'aux signes virgulaires; ce qui ajoute infini-
ment à la célérité de la sténographie et la rend
susceptible de suivre une conversation animée.
Quand certaines cases du premier tableau figurent deux manieres de former ces ligatures, c'est
qu'alors la premiere est finale, et l'autre mono-

syllabique. Nous croyons inutile d'observer ici que l'*r* a dans cet alphabet la figure du *d*, parceque c'est la forme qui lui est propre lorsqu'il est joint à une autre consonne, et qu'il ne prend sa forme ordinaire, c'est-à-dire celle de l'alphabet planche I⁢, que lorsqu'il est seul de consonne dans le mot, comme nous l'avons indiqué page 11. Si nous n'avons point compris les explications relatives à la combinaison des signes virgulaires parmi les regles de ce traité, si nous ne donnons même pas le titre de la fable sténographiée sur cette derniere planche, c'est assez faire entendre à l'étudiant qu'il ne doit point la consulter (à moins que ce ne soit pour la maniere de combiner les signes terminatifs *on*, *ou*, et *oui*,) avant de connoître à fond nos principes fondamentaux; et quand il se les sera rendus très familiers, il n'aura certainement plus besoin d'interprétation.

Comme nous croyons maintenant ne rien laisser à desirer à nos lecteurs, et que nous sommes persuadés d'avoir porté notre méthode à son dernier degré de perfection, nous allons leur offrir une idée des peines que nous a données la contexture de ce systême, par ces vers de l'interprete de Gruter, l'un de nos prédécesseurs:

Si quem dura manet sententia judicis olim
Damnatum ærumnis suppliciisque caput;

Hunc neque fabrili lassent ergastula massa,
Nec rigidas vexent fossa metalla manus :
Στιιογεαφη texat, nam , cætera quid moror? omnes
Pœnarum facies hic labor unus habet.

Explication de la planche VIII.

« Je vais, Clitiphon, à votre porte; le besoin
que j'ai de vous me chasse de mon lit et de ma
chambre : plût aux dieux que je ne fusse ni votre
client ni votre fâcheux! Vos esclaves me disent
que vous êtes enfermé et que vous ne pouvez
m'écouter que d'une heure entiere. Je reviens
avant le temps qu'ils m'ont marqué; ils me disent
que vous êtes sorti. Que faites-vous, Clitiphon ,
dans cet endroit le plus reculé de votre appartement, de si laborieux qui vous empêche de m'entendre? Vous enfilez quelques mémoires, vous
collationnez un registre, vous signez, vous pa-
raphez. Je n'avois qu'une chose à vous demander,
et vous n'aviez qu'un mot à me répondre, oui ou
non. Voulez-vous être rare, rendez service à ceux
qui dépendent de vous; vous le serez davantage
par cette conduite que par ne vous pas laisser voir.
O homme important et chargé d'affaires, qui
à votre tour avez besoin de mes offices, venez
dans la solitude de mon cabinet; la philosophie
est accessible : je ne vous remettrai point à un
autre jour; vous me trouverez sur les livres de

Nos premiers François mangeoient

ordinairement dans leur cour dont la

porte étoit ouverte ; ils invitoient les

passans, entr'autres les étrangers, à

venir se mettre à table. On buvoit

beaucoup, on s'expliquoit très-librement

sur les affaires d'Etat, mais il étoit

défendu de parler mal des femmes.

Saintefoix

Si les richesses pouvoient seulement nous donner

un sixième sens, elles mériteroient notre envie, mais

puisqu'il n'en est rien, ce faste qui suit les grands n'est

donc qu'un misérable artifice pour les distinguer de la

foule. Voyez comme ils mandient des discours flatteurs, ne les

faites pas languir, assistés les, faites leur l'aumône d'un

mensonge. Un honnête nécessaire remplit tous nos besoins,

tient les sens éveillés et nous procure une fête perpétuelle dont

l'imagination promet encore d'augmenter les jouissances,

mais c'est une fatigue pour le riche de posséder tout ce qu'il a,

il supplie ses humbles amis de l'aider à être heureux, de

contempler ses coffres, d'entendre chanter ses louanges et de

secourir la honteuse impuissance de Plutus. *Satires d'Young.*

Planche VIII.

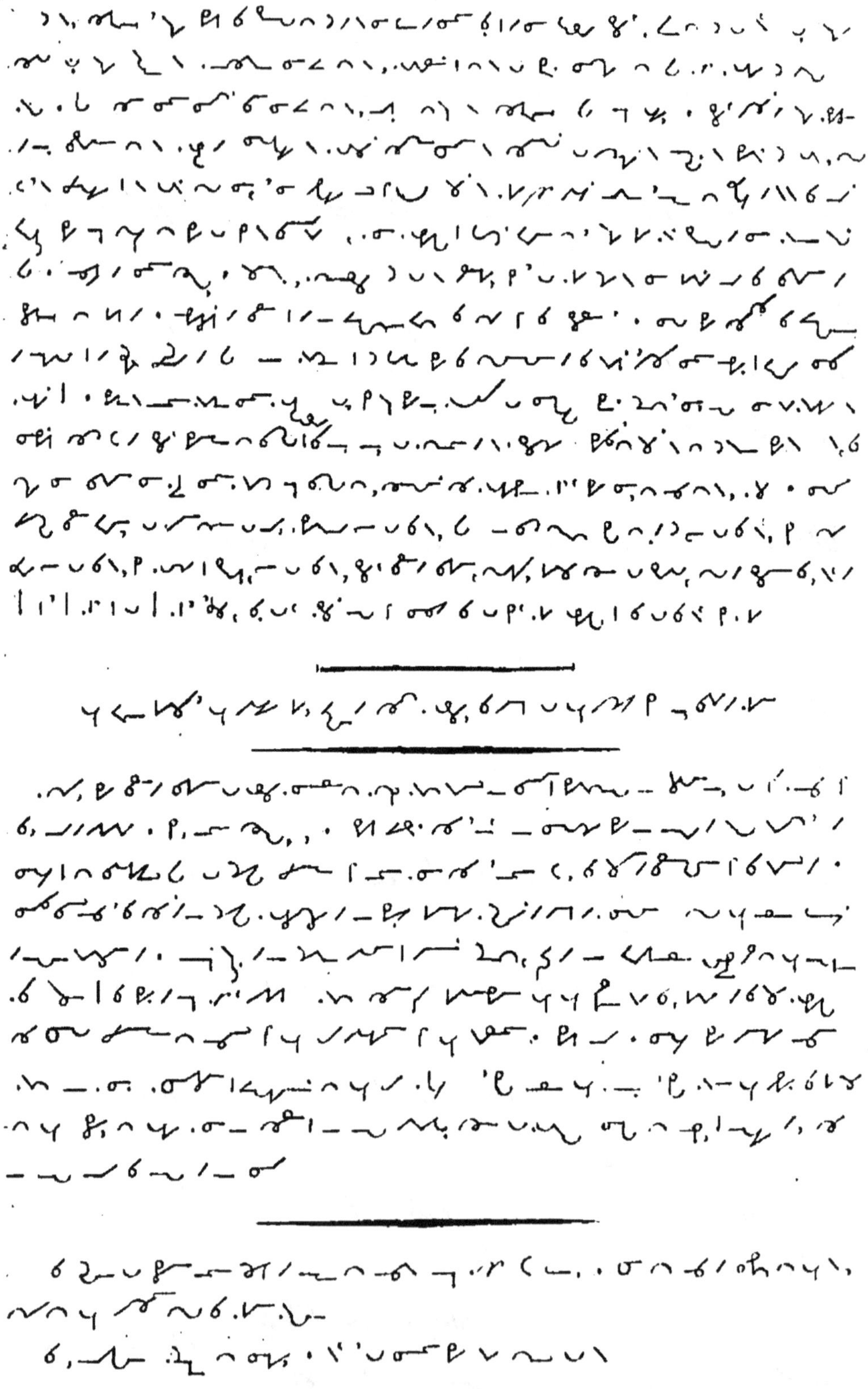

Exemple

où les voyelles initiales sont omises.

Emile, ou de l'Education. *Livre I.er Pag. 1.re et Suivantes.*

Gravé pour le compte de T.P. Bertin, rue de la Sonnerie, par Dien rue du Foin Jacques. N.º 265.

Exemple

où la Sténographie est elle-même abrégée par la suppression de quelques syllabes, mots, et parties de phrases.

Avantures de Télémaque *Livre 1.er Pag. 1.re et suivantes.*

[Texte en sténographie]

Platon qui traitent de la spiritualité de l'ame et de sa distinction d'avec le corps, ou la plume à la main pour calculer les distances de Saturne et de Jupiter. J'admire Dieu dans ses ouvrages, et je cherche par la connoissance de la vérité à régler mon esprit et devenir meilleur. Entrez, toutes les portes vous sont ouvertes ; mon antichambre n'est pas faite pour s'y ennuyer en m'attendant ; passez jusqu'à moi sans me faire avertir ; vous m'apportez quelque chose de plus précieux que l'argent et l'or, si c'est une occasion de vous obliger. Parlez ; que voulez-vous que je fasse pour vous ? faut-il quitter mes livres, mes études, mon ouvrage, cette ligne qui est commencée ? quelle interruption heureuse pour moi que celle qui vous est utile ! le manieur d'argent, l'homme d'affaires est un ours qu'on ne sauroit apprivoiser ; on ne le voit dans sa loge qu'avec peine : que dis-je on ne le voit point, car d'abord on ne le voit pas encore, et bientôt on ne le voit plus. L'homme de lettres au contraire est trivial comme une borne au coin des places ; il est vu de tous, et à toute heure, et en tous états, à table, au lit, nud, habillé, sain, ou malade ; il ne peut être important, et il ne le veut point être. »

LA BRUYERE.

« Nous devons travailler à nous rendre très

G 3

dignes de quelque emploi : le reste ne nous regarde point, c'est l'affaire des autres ». *Idem.*

« Écrire est pour l'homme de lettres un noble amusement qui occupe avec fruit ses loisirs et perfectionne ses talents. C'est un doux asyle où il est sûr de retrouver la paix : son cabinet est la porte dérobée qu'il a su ménager pour se sauver du vain fracas du monde, et qui l'introduit dans un jardin délicieux où son ame cueille à son choix les fleurs de l'imagination, ou les fruits de la morale. Lui seul a la clef de ce jardin intellectuel, de ce paradis terrestre ignoré du reste des humains. Quand nous sommes excédés des soins frivoles de la société, fatigués de ses graves riens, et rassasiés jusqu'au dégoût de ses divertissements insipides, ah ! que nous sentons alors vivement tout le prix de cette heureuse retraite ! avec quel doux transport nous nous hâtons vers elle au travers de la foule importune ! Quel moment délicieux que celui où nous y rentrons, où nous fermons la porte sur le monde pour rester seuls avec ces amis immortels et désintéressés qui nous y attendent ! A peine sommes-nous assis, à peine avons-nous repris le travail qui nous plaît, que notre ame se calme et se sent rafraîchie, comme un enfant mutin qui s'appaise et s'endort dès qu'il se sent sur le sein de sa mere ». YOUNG.

« Les gens en place sont jaloux de ceux qui s'élevent : cette erreur chez eux est la même que celle de l'optique , qui nous fait croire que nous reculons quand les autres avancent.

« Il est certains égoïstes qui mettroient le feu à une maison pour faire cuire un œuf (1). »

_____

(1) *Maximes* de Bacon à la suite de la *vie* de cet illustre écrivain , traduite de l'anglais par l'auteur , fol. 261.

ALPHABET PHYSIONOMIQUE

FONDÉ SUR LES PRINCIPES DE LA STÉNOGRAPHIE.

RIEN n'est plus important que de pouvoir dis-
courir sans parler. Une conversation visible est
une ressource précieuse dans une infinité de circonstances, et ce silencieux truchement peut
devenir très utile à ceux qui ont besoin de s'entretenir au milieu du bruit et du fracas, ou aux
extrémités d'un vaste appartement sans inter-
rompre personne et sans être interrompus. Il convient sur tout aux individus qui ont naturellement
les organes de la voix très foibles, ou qui en sont
momentanément privés par quelque maladie,
et principalement aux sourds et aux muets par
accident. Le geste, moins fugace et moins prompt
à s'évanouir que la parole, fixe d'une maniere plus
durable l'impression des idées sur les sens ; et celui
que nous employons réunit à cette faculté l'avantage de concourir à graver rapidement dans la mémoire les caracteres de la sténographie par l'étroite
ressemblance que les traits physionomiques ont
avec l'alphabet de notre systême. Nous ne pouvons donc trop recommander aux partisans de
l'art tironien de faire marcher ces deux études
de front. Il convient, au surplus, d'observer ici

qu'on ne doit comparer ce mode prosopographique avec aucun de ceux qui ont été publiés jusqu'à ce jour. Les autres sont mauvais en ce qu'ils ne sont modelés sur aucun type, qu'ils expriment sans suppressions toutes les lettres de l'alphabet, et exigent par conséquent une trop grande quantité de mouvements. Notre méthode au contraire est, autant qu'il a été possible de le faire, l'indication pure et simple des formes sténographiques transportées de notre alphabet sur la figure, et communiquées aux regards par l'intermède du doigt, comme on peut le voir dans le tableau ci-joint.

LETTRES.	TRAITS PHYSIONOMIQUES.	TERMIN.	TRAITS PHYSIONOMIQUES.
b	Doigt placé diagonalement sous l'œil droit.	on	Doigt au front.
d	Idem, idem, sur le coin droit de la bouche.	ou	Id. perpendiculairement sous l'oreille droite.
f v	Id. id. sur le coin gauche d'id.	oui	Idem, horizontalement près l'oreille gauche.
g j	Id. sur la joue gauche.	au	Doigt à l'aile droite du nez.
h	Id. au sommet de la tête.	eu	Id. au sourcil droit.
k q	Id. sur la levre supérieure.	ai	Id. à l'aile gauche du nez.
l	Id. placé diagonalement dessus l'œil gauche.	a	Id. au sourcil gauche.
		i	Id. à la tempe droite.
m	Doigt sur la bouche.	é	Id. à la tempe gauche.
n	Id. sur la levre inférieure.	*Voyelle initiale.* Doigt placé verticalement devant la figure.	
p	Id. sur la fossette du menton.		
r	Bouche ouverte.	*Nom d'homme.* Main ouverte.	
s	Doigt couché horizontalement sur l'intervalle des levres.	*Fin de mot.* Doigt fermé.	
		Fin de phrase. Main fermée.	
t	Doigt sur le nez.	*Numération sténographique.* Emploi du pouce au lieu du doigt.	
x	Id. au cou.		
y	Id. à l'intervalle des sourcils.	On double le geste pour exprimer une lettre qui se répete.	
e h	Id. sur la joue droite.		

Comme cet alphabet pourroit bien ne pas paroître digne de l'attention de tous nos lecteurs, nous les invitons à n'en dédaigner l'étude qu'après s'être rappelé ce vers de la Fontaine :

Il n'est rien d'inutile aux personnes de sens.

Nous les prierons ensuite de juger ce procédé par ses effets, persuadés qu'ils reconnoîtront la sagesse du principe dans l'utilité de ses conséquences.

NUMÉRATION STÉNOGRAPHIQUE.

LES chiffres ordinaires sont eux-mêmes une sténographie, comme nous avons déja eu occasion de le dire; mais ils ne jouissent pas de toute la faculté abréviatrice dont ils sont susceptibles. Cette impuissance procede de la complication de leurs formes et du défaut de liaison entre elles. Pour remédier à cet inconvénient, nous donnons dans notre sténographie les mêmes traits aux signes numériques qu'à ceux de l'alphabet; et cette identité de caracteres, fondée sur le raisonnement et sur l'exemple des Hébreux, des Grecs, et des peuples orientaux, qui donne la possibilité de combiner les chiffres, présente des avantages incontestables. En conservant aux marques numérales leur valeur et leur signification, elle fournit au calcul une

nomenclature bien moins fatigante pour la mémoire que celle du style usuel (1). Supposons en
effet qu'un professeur d'astronomie, de géomé-
trie, ou d'optiqne, voulût exprimer verbalement
la progression des nombres de la somme ci-contre,
il sera obligé de proférer cette longue et ennuyeuse
phraséologie, *trois cents soixante et dix - huit
quintilliarts, quatre cents cinquante-six qua-
trilliarts, six cents quatre-vingts trilliarts, sept
cents soixante et dix-sept milliarts deux cents
quatre millions six cents soixante mille huit
cents cinquante* (2); mais le sténographe em-

---

(1) Rien n'empêche en effet qu'on ne puisse prononcer
philosophale, au lieu de *trente mille cinq cents trente*, et
conséquent, au lieu de *soixante sept mille cinq cents
soixante et sept*, puisque les mêmes signes servent pour
les lettres et les chiffres, comme on le voit au bas de la
planche XIII.

(2) Nous aurions pu prendre un exemple beaucoup plus
étendu de cette nomenclature numérique dans le relevé fait
par Arbuthnot, des naissances à Londres, pendant l'espace
de quatre-vingt-deux ans. Ce célèbre médecin, ayant trouvé
que la quantité des garçons avoit constamment excédé celle
des filles, en tira le plus puissant argument contre les athées
et les partisans du hasard, en démontrant que cette supériorité de nombre dans les mâles n'avoit été ordonnée par
l'intelligence suprême que pour réparer les pertes auxquelles
ils sont journellement exposés par les accidents qu'en-

ploiera une locution prise dans nos caracteres alphabétiques, par conséquent beaucoup plus courte; et cette réduction qui n'enleve rien à l'intelligence de l'écrivain familiarisé avec notre méthode, lui donne un bénéfice de cinq sixiemes sur le nombre des consonnes, sans compter celui qui procede de la simplicité des formes. Il résulte encore de cette nouvelle maniere de chiffrer, qu'elle procure gratuitement et sans exiger d'étude

---

traînent les occupations de leur sexe. Sgravesende, très grand mathématicien de Leyde, qui fit ce calcul par les tables de logarithme, trouva qu'il y avoit à parier 75,598,215, 229,552,469,135,802,469,135, 802, 469, 469,135,802, 469 contre 1 que le sort ne donneroit pas le même résultat. Nous mettrons, d'après Nieuwentit, ce calcul à la portée de tout le monde, en disant que, puisque cette somme est plus considérable que tous les grains de sable qui pourroient être contenus dans ce globe, et dans plusieurs autres millions aussi grands que la terre, il n'est pas plus possible que ce qui est arrivé à Londres et arrive constamment ailleurs soit l'effet du hasard, qu'il est probable qu'une personne privée de la vue et du toucher, et sans aucun guide pour lui conduire la main, pût trouver dans cette masse prodigieuse un grain de sable qu'on lui auroit désigné.

Ce calcul détruit aussi, comme on voit, une assertion de Jacques-Bernardin-Henry de S.-Pierre, qui, dans le tome Ier, folio 94 de ses études de la nature, prétend qu'*elle fait naître les deux sexes en nombre égal, afin de fixer, dit-il, l'amour de chaque homme à un seul objet.*

une langue de plus à ceux qui l'adoptent, s'ils joignent, toutefois, aux dix nombres sténographiques les lettres qui n'en font point partie.

Nous n'ajouterons rien à ces explications, sinon que, pour distinguer nos chiffres du corps de l'écriture, il faut couper d'un petit trait horizontal l'extrémité supérieure des unités ou le sommet de la premiere figure de chaque tranche.

Enfin on exprimera par de simples points les zéro quand ils seront plus que doubles, comme il est indiqué à la derniere ligne de la numération sténographique.

TABLES D'ADVERSARIA,

OU

RECUEIL LITTÉRAIRE.

Adversaria in judicium protulit nemo,
codicem protulit , tabulas recitavit.
CICERO, pro Qu. R. 46.

Nous nous renfermerons ici dans ce que nous
avons dit sur l'utilité des index au commencement
de cet ouvrage, et nous débuterons par indiquer
l'usage du modele que nous a donné Locke,
celui de tous les savants qui a su mettre le plus
d'ordre et le plus d'arrangement dans ses idées.

INDEX DE LOCKE.

On prend un registre de papier blanc, dont on
divise avec du crayon les deux premieres pages
qui se regardent en vingt-deux lignes paralelles,
c'est-à-dire en autant d'espaces qu'il y a de lettres
dans l'alphabet, déduction faite du *k* et de l'*y* qu'on
remplace par *c, i.* On les coupe ensuite perpendi-
culairement par d'autres lignes d'encre qu'on tire
de haut en bas, comme on le voit à la planche XIII.

Manière de lier les signes terminatifs avec les dernières lettres des mots.

Alphabets		on	eu	oui	au	u	ai	é
ordinaire	sténogr.t							

Exemple

où les signes terminatifs sont attachés aux dernières lettres des mots.

Gravé pour Bertin par Dien.

Comparaison

de la Tachygraphie publiée à Paris en 1790,
avec cette Sténographie.

Singulier, démangeaison, aquatique

Tachygraphie

Sténographie

Coton, œconomat, certain, avec dureté

Tachy

Sténo.

Révolution, conseil, concerter, distingué

Tachy.

Sténo.

République, demander, délibération, traits

Tachy.

Sténo.

Humanité, contribution, désespoir

Tachy.

Sténo.

Gravé pour le compte de T.P. Bertin, rue de la Sonnerie, par Dien.

d'Adversaria ou de recueil Litteraire d'après la méthode de Locke.

Numération Sténographique.

On marque encore d'encre chaque cinquieme. ligne horizontale des vingt deux dont nous venons de parler, et on met, au milieu de ces cinq espaces l'une des vingt - deux lettres, et un peu plus avant l'une des cinq voyelles dans leur ordre naturel. Tel est l'index de tout le répertoire, quelque gros qu'il soit, à moins qu'on n'en veuille former deux pour les deux parties auxquelles toutes nos connoissances se rapportent, la morale et la physique.

L'index étant fait de la sorte, on distingue, dans les autres pages du répertoire, la marge par une ligne de crayon; on la fait d'un pouce de largeur pour un volume in-folio, qui est le format le plus commode pour ces *adversaria*.

Cette subdivision des vingt-deux espaces en chacun cinq lignes fournit plus de cent titres, sous lesquels on range tout ce que l'on veut insérer dans le répertoire, en ayant soin de former ces titres des mots les plus importants et les plus essentiels à la matiere dont il s'agit; après cela on note sur son index le numéro de la page où chaque titre est inséré au répertoire dans l'espace qui présente la premiere consonne et la premiere voyelle du mot qui l'a fourni. De ces deux lettres caractéristiques dépend toute l'utilité de la table.

Si donc l'on a porté quelque trait relatif au mot *beauté*, il faut inscrire le numéro de la page où il se trouve à la case qui offre *B e*, c'est-à-dire au second espace de la lettre *B*. Si l'on a noté un passage sur le mot *drame*, on le désigne sur l'index à la case *D a*, c'est-à-dire au premier espace de la lettre *D*, et ainsi de suite.

Il est bon de remarquer que, quand un mot commence par une voyelle, cette lettre est caractéristique comme une consonne; ainsi le titre *Amour* sera annoncé à la case *A o*. La voyelle a outre cela la propriété de doubler sa puissance lorsqu'elle se trouve seule dans le mot, comme dans *art*, et alors le numéro de la page où ce titre est porté sur le répertoire est désigné à la case *A a*, premiere de l'espace *A*.

Il faut avoir bien soin qu'il n'y ait que les titres qui soient inscrits en marge du répertoire, pour qu'ils se présentent au premier coup-d'œil; et quand un revers est entièrement rempli de ceux qui conviennent à sa classe, on emploie le suivant en mettant au bas du précédent un *V*, c'est-à-dire *Verte*. Si le revers suivant est occupé, on transporte le titre au premier revers qui se trouve blanc, en marquant encore le numéro de la page qui a été la derniere remplie. Au moyen de ces numéro qui se renvoient l'un à l'autre, et dont le premier est à la fin d'une page et le second au commencement d'une autre, on lit la matiere qui en est séparée tout de même que s'il n'y avoit rien entre deux; car, par ce renvoi réciproque des numéro, on tourne, comme un seul feuillet, tous ceux qui sont entre deux, comme s'ils étoient collés.

On doit encore avoir l'attention, quand on met un numéro de renvoi au bas d'une page, de le porter aussi sur l'index; mais si ce bas de page ne présente que la lettre *V*, *Verte*, on ne fait aucun changement à la table.

La raison pour laquelle on commence à porter ses titres au haut du revers, et qu'on assigne à une classe les deux pages qui se regardent, plutôt qu'à un feuillet entier, c'est que les titres de cette classe paroissent ainsi tout d'un coup à la vue sans qu'il soit besoin de tourner le feuillet.

L'auteur recommande en outre, toutes les fois qu'on veut remarquer l'endroit d'un écrivain célebre dont on veut tirer quelque chose, de tenir registre de son nom, du titre de l'ouvrage, du temps et du lieu de l'édition, et sur-tout du nombre de pages que contient le livre.

Il suffit que ce modele d'index soit de l'invention de Locke, et qu'il ait été une des sources des productions de ce grand homme, pour que nous nous en interdisions la critique; mais nous osons nous flatter que celui que nous présentons ici est plus avantageux. Le rapprochement que le lecteur en pourra faire avec celui dont nous venons de parler servira à déterminer son choix.

H

INDEX STÉNOGRAPHIQUE.

Cet index est purement et simplement le tableau du paradigme de la sténographie, dont chaque case est divisée en cinq lignes qui présentent les cinq signes terminatifs *a e i o u*. Au moyen de cette subdivision, l'index, qui doit comprendre huit pages in-folio, donne 620 espaces. Ces espaces, à raison de la variété des titres que chacune, peut offrir, contiennent au moins 3000 substantifs, seuls mots qu'on puisse employer à la formation des titres. On observera à ce sujet qu'il faut ranger sous les mêmes titres les expressions synonymes, telles que *époux* et *mari*, *jonc* et *roseau*, *navire* et *vaisseau*, etc.

Les regles à observer pour l'usage de cet index, qui est fondé sur l'orthographe sténographique, sont les suivantes.

1º. Les pages du répertoire ne sont point cotées ; il n'y a que les articles ou titres qui le soient par des numéro sténographiques.

2º. Les voyelles ou diphthongues qui suivent la premiere consonne des polysyllabes sténographiques se suppriment, ainsi que les initiales.

3º. Le signe terminatif a deux fonctions, c'est-à-dire qu'il exprime une désinence, et qu'il s'intercale entre les deux premieres consonnes, ou précede la premiere dans les monosyllabes en devenant initial; ainsi le numéro du titre *débat* se portera à la premiere case de *DB*; celui de *aubade*, à la premiere case de *BD*; et celui de *ode*, à la cinquieme case de *DD*, attendu que les lettres doubles ont la faculté de se simplifier.

4°. La premiere lettre des diphthongues qui ne font pas partie de nos cinq signes terminatifs est la seule qui décide de la position du titre; ainsi le numéro du titre *bois* se placera à la quatrieme case de *BB*.

5°. La terminaison *e* désigne cette lettre dans ses caracteres muet, ouvert, et fermé.

6°. Les mots qui ne sont composés que de voyelles, comme *eau*, *ouïe*, etc., ne pouvant trouver de place dans ces index, on aura l'attention de leur chercher des synonymes pourvus de consonnes : d'après cette regle, *eau* se placera au titre *onde, source*, suivant les cas, et *ouïe* sous celui d'*oreille, acoustique,* etc.; mais ces mots sans consonnes sont rares.

7°. Enfin lorsqu'un titre, après avoir été porté sur l'index, se représente une autre fois, comme dans le cas que nous allons citer, et où nous supposons que le titre *babillard* se trouve aux numéro 25, 50 et 60 du recueil, il faut alors porter le premier de ces numéro à l'index; inscrire sur le répertoire, au numéro 25, celui de 50; au numéro 50, ceux de 25 et 60; et au numéro 60, celui de 50. Par cette échelle descendante et ascendante de numéro de rappel on se procurera sans peine tout ce qui, sur le répertoire, appartient au même titre. Il est à propos de mettre le numéro de l'article au-dessus du titre et celui du renvoi au-dessous. Cette indication paroîtra plus sensible dans l'exemple suivant, qui présente ce titre du répertoire porté à la 3ᵉ case de l'espace *B B* sur l'index.

25

Babillard. « Brantôme dit que, du temps de Fran-
50 çois premier, une jeune personne ayant un amant babillard lui imposa un silence absolu et illimité, qu'il garda si fidèlement deux ans entiers, qu'on le crut devenu muet par la maladie. Un jour, en pleine assemblée, sa maîtresse, qui, dans ces temps où l'amour se faisoit avec mystere, n'étoit point connue pour telle, se vanta de le guérir sur-le-champ, et le fit par le seul mot *parlez.* N'y a-t-il pas quelque chose de grand, d'héroïque, dans cet amour-là? Qu'eût fait de plus la philosophie de Pythagore avec tout son faste? Quelle femme aujourd'hui pourroit compter sur un pareil silence un seul jour,

dût-elle le payer de tout le prix qu'elle peut y mettre? »

JEAN-JACQUES, *Em. vol. 2, fol. 307, édit. 8°. de Neuchatel,* 1775, 428 *pag.*

50
Babillard. . . . . Loquaces,
  25 60 Si sapiat, vitet, simul atque adoleverit ætas.

HORACE, *lib. I, sat.* 11, *vers* 33.

60
Babillard. The coxcomb bird so talkative and grave,
  50   That from his cage cries cuckold vhore and knave,
    Though many a passenger he rightly call,
    You hold him no philosopher at all.

POPE, *Moral. Essays, v. 5.*

8°. Enfin la voyelle immédiatement à la suite des deux premieres consonnes dans les polysyllabes assigne leur véritable place sur l'index; ce sera donc *i* pour *badinage*, et *o* dans *beffroi*, etc. L'un de ces deux mots s'inscrira à la troisieme case de *BD*, et l'autre à la quatrieme de *BF*.

Nous observerons qu'il importe peu dans quelle langue les titres soient portés en marge du répertoire, mais qu'ils doivent l'être tous dans le même idiôme.

F I N.

T. P. BEATIN satisfait à toutes espèces de demandes en librairie dont il a pris le commerce, et principalement à celles qui concernent des éditions recherchées, telles que celles de Barbou, d'Elzevir, de Baskerville, de Causse, de Crapelet, de Beaumarchais, de Froulis, de Balfour, de Bodoni, Ibarrha et Didot; et les ouvrages précieux, comme les Antiquités nationales, Antiquités de Montfaucon, Antiquités étrusques; Boileau, in-fol.; Bayle; Cabinet de Crozat; Cérémonies religieuses; Cabinet des fées; César de Clarxe; Collections d'Artois et du dauphin; Collection des formats de Cazin; Corneille; Crébillon; Condillac; Cours de Rozier; Cartes de Cassini; Description de l'empire de la Chine; Dictionnaire historique; Dictionnaire des Jardiniers; Dictionnaire de Valmont de Bomar; Encyclopédie de Paris et par ordre de matières; Essai sur la physionomie, par Lavater; Fables de La Fontaine, in-fol.; Flore Française; Florian; GALERIA JUSTINIANAE; Galerie du Palais-Royal; Galerie de Florence; Galerie du Luxembourg; grande Galerie de Versailles; Géorgiques de Delille; Histoire de France; Hist. ancienne et romaine; Hist. générale des Indes; Hist. philosophique et politique; Hist. naturelle de Buffon; Homère de Bitaubé; Horace de Pine; Insectes de Réaumur; Inscriptions et belles Lettres; Le Sage; la Bruyère; Linné; l'Héritier; Lucrèce de Lagrange; Mably; Marmontel; Métamorphoses d'Ovide; Métastase; Molière; Monde primitif de Gebelin; Monuments égyptiens; Muséum de Florence; Nollet; ORLANDO FURIOSO; Ornithologie de Brisson; Origine des cultes; Peintures chinoises des arts et métiers; Pierres gravées de Mariette; IDEM du cabinet d'Orléans; Philosophie de la nature; Plutarque de Cussac; IDEM de Vascosan; Psyché de Saugrin; Rabelais; Racine de Luneau de Boisgermain; Regnard; Roland furieux; Rousseau J. B.; Rousseau J. J.; Sagesse de Charou; Satyre ménippée; Saint-Réal; Sénèque de Lagrange; Tacite de Broncx; IDEM de Gordon; Télémaque; Temple des Muses; Théocrite; Testament de Saugrin; Théâtre des Grecs; Tite-Live d'Ernest; Tournefort; Virgile de la Rue; Voyages de Vaillant, de Chappe, de Pallas, d'Anacharsis; Voyageur Français; Voyages imaginaires; Voyages de Prévôt; Voyage pittoresque de la France; IDEM de la Suisse, de Naples et Sicile, de la Grèce, du Levant, de Cook, de Dixon; Winckelman; ZENDA VESTA; les VARIORUM; tous les ouvrages qui traitent de la science Numismatique; et autres livres précieux dont il est impossible de présenter ici la liste.

On peut s'adresser à lui pour tous les auteurs de la littérature anglaise, et particulièrement ceux inscrits ici dans l'ordre suivant, qu'il a maintenant à sa disposition : Addisson, Ainsworth, Bacon, Brown, Boyle, Blair, Butler, Beattie, Burnet, Clarendon, Chamber, Chaucer, Cowley, Dryden, Day, Dixon, Fielding, Foot, Farquhar, Gordon, Gay, Gray, Gibbon, Goldsmith, Gillies, Hume, Hervey, Howard, Hunter, Johnson, Jefferson, Knox, Langhorn, Milton, Middleton, Martin, Montaigu, Monro, Norden, Newton, Otway, Pope, Prior, Richardson, Robertson, Rowe, Spenser, Swift, Shafterbury, Smart, Sheridan, Sterne, Steele, Shenstone, Shakespear, Springle, Thomson, Vanbrugh et Young.

Il tient aussi des médailles antiques dans tous les métaux.

www.ingramcontent.com/pod-product-compliance
Lightning Source LLC
Chambersburg PA
CBHW051730090426

42738CB00010B/2184